隣人ヒトラー

あるユダヤ人少年の回想

隣人ヒトラー

あるユダヤ人少年の回想

エドガー・フォイヒトヴァンガー 著
平野暁人 訳

岩波書店

HITLER, MON VOISIN
Souvenirs d'un enfant juif
by Edgar Feuchtwanger

First published 2013 by Michel Lafon Publishing, Neuilly-sur-Seine.

This Japanese edition published 2019
by Iwanami Shoten, Publishers, Tokyo
by arrangement with Michel Lafon Publishing, Neuilly-sur-Seine
through Japan UNI Agency, Inc., Tokyo.

目　次

私はいまや絶対の確信をもっている。独創的な思想の核たる部分は
概して若き日に生まれるものなのだと。

アドルフ・ヒトラー『我が闘争』

1929

たぐいまれな巡り合わせから私はブラウナウ・アム・インという、ふたつのドイツ語圏国家のちょうど境目にある小さな村に生を受けた。この二国の統合は我々にとって生涯を賭すべき使命であり、いかなる手段をもってしても希求し続けねばならぬように思われる。

（『我が闘争』書き出しより）

ぼくはママにこの曲をひいてもらうのが好きだ。「メヌエット」っていうんだよ。モーツァルトはぼくと同じくらいのときにこの曲を書いたんだって。ぼく、いま五歳。しずかにピアノの音色をきく。なんてきれいなんだろう。おどりだしたくなっちゃう。ぼくは床にねころんで、寄せ木張りの床を湖みたいにすいすい泳いだ。ひじかけのついた椅子はみんな船で、ソファーは島、テーブルはお城。ママがみたら、お洋服がよごれちゃうでしょ、っておこるだろうな。でもいいんだ。これ、なんだかチクチクするし。今度は腹ばいになって椅子の下へもぐりこむ。お気にいりのこの銃さえあれば、フランス人が攻めてきたってだいじょうぶ。みつかりっこない。

今日の朝もこわかった。あのかわいそうな人たちが下の、管理人さんのへやの前まで来て呼び鈴を鳴らしたから。ママがおりていって、ぼくは階段の上からじっと見ていた。みんなひげもじゃで、服には穴があいていた。お金がほしくて来るんだ。靴ひもとか、靴とか、買いませんかって。ママはいったんもどってきて、ぼくに気づかないまま前を横切って、ぼくの大好きなパン（白くてカリッとしてて、こんがり焼けた皮が三つ編みみたいにぎゅっとまわりに巻きついてるやつ）を手にとって、またおりていった。ママがパンをあげると、みんなにっこりして、行ってしまった。

午後にはまた別の人たちが来た。ママはやっぱりピアノをひいていて、大いそぎで最後までひきおえると、わらいながらぼくのわきを通って部屋を出ていった。ぼくはそんなママを目で追いながら体をねじった。

この前の人たちがまたやって来た。ドアをどんどんたたく音を最初に聞きつけたのはぼくだった。ママはピアノをやめて立ちあがるとドアを開けてあげにいった。何人かいるうちの一人が、どなりちらしている。家を追いだされて蓄えも取りあげられた、とか、子どもをかかえて路上暮らしだ、とか。そしてぜんぶユダヤ人のせいだと言った。ぼくはこわくて、泣きたくなった。それでもママは感じよく相手をしてあげていた。それからいちばん太った、背も高くて強そうな白いもじゃもじゃあごひげの男の人が、ママのことを知ってるって言った。そうして大声をあげた。「フォイヒトヴァンガーさんのところの人だ！」

その人はわめいているちびを後ろへ押しやった。それから、自分はリオンおじさんと同級生で、おじさんの本も読んでるんだって言った。ぼくは上の階にかくれ、銃をかかえて待ちかまえていた。ねる前に読んでもらうあの本みたいに、透明人間になれたらいいのに。もじゃもじゃあごひげはこっちをちらっとみてウィンクすると、ちびにむかって、ユダヤ人がどうのこうのとばかでかい声でうるさいぞ、と言った。するとママはていねいにお礼を言ってから、ソーセージを持ってきてちょうだい、とローズィにたのんだ。ローズィっていうのはぼくのお世話係のこと。あわてて兵隊さんみたいにからだをまるめると、ローズィはぼくに気づかずそばを通りすぎた。白いエプロンと黒いワンピースがこすれて音を立てる。ぼくは椅子の下でじっとしたまま、ローズィが台所のほうへ歩いていくのをながめていた。方言っていうやつでなにかぶつくさこぼしている。まわりにだれもいないとああいうよくわからない言葉で話すんだよなあ。ローズィは物乞いの人たちをろくでなし呼ばわりして、ソーセージなんてあんなのにやれるほどあるわけがない、今晩の食事だっておぼつかないありさまなのに、とうらめしそうだった。それからソーセージを何本か持ってもどると、あごひげおじさんにむかってにっこりした。おじさんはお礼を言って、あなたに神様のご加護を、とおいのりして、仲間といっしょにどこかへ行ってしまった。

上の階のボビーおばさんがおりてきて、ママと何か話して帰っていった。ぼくにはなんの話かよく聞こえなかったけど、たぶん、おじさんがいまみたいな本ばっかり書いていたらぼくたちがあぶないって言ったんじゃないかな。リオンおじさんは本を書く人で、大人の読むお話を書いている。ママはにっこりわらっておばさんに、ちゃんと気をつけるように言っておくから、と約束した。それから、そんなに心配しなくてもだいじょうぶ、あの人たちはとにかくお金に困ってるだけなの、戦争でなにもかも失ってしまったからね、と言いきかせて安心させようとしていた。ぼくはいそいで窓のところへ行って、外をながめた。さっきの人たちはむかいの建物の呼び鈴を鳴らしているところだった。少しはなれたところには他にもまだ何人かいて、その人たちも仲間みたいだった。

今日は朝からずっと窓の外のあの人たちをながめてすごしている。この建物の入り口あたりにいる。もしも攻めてきたら？　ぼくにはこれ、この銃があるんだぞ！　ママがぼくを見た。そうしてにっこりわらってこっちに来て、カーテンをしめると、おやつの時間よ、と言った。ぼくは、ユダヤ人ってなあに、ってたずねたけど、ママはぼくの耳もとに口を近づけて、あなたにはまだわからないわよ、とささやいた。

そりゃあぼくはまだ五歳かもしれないけど、でもなんだってわかるのに。ユダヤ人がなにかだって知ってるんだ！　前にパパがママに話していたもの。ママのほうは、エドガーの前でそんな話しないで、ってたのんでいたけど、パパはどうせぼくにはわからないからと答えて、そのままつづけた。ぼくは床にちっちゃなおもちゃの自動車をいくつもならべてあそびながら、聞いていないふりをしていた。でも本当はぜんぶ聞こえていた。パパが話していたのはナチスのことで、ナチスはユダヤ人がきらいなんだ。それで、ユダヤ人っていうのは、ぼくたちフォイヒトヴァンガー家のこと。もうずっと前から知っていた。ローズィに話してみたことだってあった。たいして変わらないのよ。ユダヤ人についてあれこれたずねるぼくに、ローズィはそう答えた。ただユダヤ人はイエスさまの存在を信じていないっていうだけでね。ぼくは知ってるんだけどな、イエスさまはちゃんといたって。ローズィがすっかり話してきかせてくれたもの。髪の長い、とってもやさしい人だったんだって。でも悪いやつらがイエスさまを十字架にはりつけにして、両手両足にクギを打ちこんで、ころしてしまった。ぼくは、その悪いやつらがユダヤ人だったのかどうか、気になった。ローズィは、ちがうの、ナチスはまるっきり思いちがいしてるって言った。イエスさまの命をうばったのはローマ人だし、だいたいイエスさまはユダヤ人だったんだから。それはすごくむかしの、いまとはぜんぜんちがう時代の、ぼくが生まれるずっとずっと前の、ぼくのパパとママや、パパとママのパパとママや、そのまたパパとママが生まれるずっとずっと前の話で、地球にはまだ車も町もなくて、山々や広い広い野原や、川や海をいくつもこえたところにあった国でおきたことなんだけど、その国はもうなくなっちゃったんだって。ローズィはブラウスのボタンをはずして、胸のところにちょこんと乗ったちっちゃな金色の十字架をぼくに見せてくれた。そうして、持ってみてごらんと言った。ぼくが指の先でそっとふれると、ローズィはそれを口元へ持っていって、かるくキスして、ぼくのおでこにもして、あなたは私の宝もの、子どもも大人もみんなもとはひとつの肉体からつくられたの、私たち人間はだれでも等しく神様の子どもなんだから、イエスさまはみんな仲良くしなさいっておっしゃったのよ、と言った。ローズィはなんだかちょっと悲しげで、ぼくをぎゅっとだきしめた。

だから、パパとママがナチスの話をしていたときも、ぼくにはなんのことかちゃんとわかっていた。ナチスはユダヤ人とローマ人をごっちゃにしてるんだよって、ふたりに教えてあげたかった。でも、話のつづきを聞きたかったから、そのままおもちゃであそんでいるふりをした。パパの書斎の床にすわって。パパの本はみんなそこに収めてあって、本だながいくつも天井までのびていた。いったい何千冊あったんだろう。ぜんぶちゃんと自分で読んだ本ばかりで、パパはよくそれを満足げにながめてみたり、手に取ってみたり、開いてみたり、閉じてみたり、なでてみたりしていた。そうして、いつも言っていた。将来はエドガーのものだよ、きっとぜんぶ読んじゃうに決まってるさ、って。

＊

パパとママがソファーにすわっている。緑色で、ビロード張りのやつ。ぼくはそうやっていっしょにいるふたりを見るのが好き。ときどき、ママの顔にふれるパパ。パパはママをみつめて、ママもパパにみとれて。あなたってすてき、愛してるわ、でもそのおひげでキスされるとくすぐったいのよね、とママ。そういう君のキスでぼくの眼鏡がくもってるじゃないか、とパパ。

パパはうつくしくて、洗練された男の人だ。ぼくもパパみたいな格好がしたいのに。こんなちくちくする子ども用の服じゃなくてさ。ちゃんと白いシャツにネクタイをしめて、ジャケットも着てさ。パパのみたいに太い縞の入ったやつ。でもパパは、エドガーにはまだ早すぎるよ、ってそればっかり。

パパたちがコーヒーをいれて、ぼくに「あひるさん」をやってもいいって言ってくれた。角砂糖をコーヒーにうかべてからなめるのを「あひるさん」っていうんだ。ぼくはさっそく、のぞきこむと顔がぐにゃっと曲がって映るくらいぴかぴかの砂糖つぼから、銀のトングでひとかけらつまみ出し、コーヒーカップに近づけた。鴛籠《かご》にこしかけている皇帝の絵がうすむらさき色で描かれた中国製のカップ。角砂糖は湯気をたてているコーヒーにふれると、みるみる茶色くそまっていって――この、コーヒーが砂糖をのぼっていくところがおもしろいんだ――、ぼくはそれを口のはしでくわえる。そうして小さく音を立ててすいながら、いつものようにローテーブルの下へもぐりこんで、そのまま口の中でとかしてしまう。ぼくはダックスフントを連れた女の人がうちに来たときのことを思い出した。女の人が〝ちんちん〟の合図をすると犬はぺたんと尻もちをついた。そこでその鼻づらに砂糖をのせて「よしっ!」。すると犬は黒とキャラメル色のまじったきれいな口で、ぱくっと砂糖をキャッチしてみせた。あの犬はサーカス犬だったんじゃないかなあ。

かくれ場所からはみだしている足の先にお日さまの光があたってぽかぽかする。ぼくはパパとママの声をきいていた。ふたりが話しているのはリオンおじさんとアドルフ・ヒトラーのこと。おじさんは、ヒトラーはそのうち国でいちばんえらくなる、そうなったらユダヤ人をみんな殺すだろうって思ってるんだって。ヒトラーってだれなんだろう。くちびるがぶるぶるふるえて、泣きたくなった。ぼくはテーブルの下から出てパパとママのうでのなかに飛びこんだ。ふたりともぼくがなんでこんなに泣いてるのかわからないでいた。ぼくにもわからなかった。とにかくパパとママに大好きって、ぜったい死んじゃいやだって言った。だからこんなに涙があふれてくるんだ。でもよかった。これでもうだいじょうぶ。

*

車輪のついたゾウに馬乗りのぼく。こいつの名前はハンニバルで、ゾウに乗ってローマ人とたたかった将軍からとったんだ。冬の山をこえて攻めこんだ、すごい将軍なんだって。ハンニバルの背中に乗ると、もう足が床につかなくなる。やあやあ見はらしがいいぞ、大きくなった気分だ。部屋の窓は開いていて、鳥の声や車の音が聞こえる。ぼくはハンニバルに乗ったまま近づいて窓辺にほおづえをつき、外をながめた。あんまり身を乗りだすとローズィにおこられちゃうから、そこだけ気をつけながら。車はみんなぴっかぴか。お日さまの光がまあるい大きなヘッドライトに反射して、ぼくの部屋の天井にピスタチオとか、ワインとか、いちごとか、色とりどりのかけらをちりばめている。良いお天気だからどの車も幌《ほろ》をはずしていて、乗っている人たちも見えた。あれ、あそこにいるのは上に住んでるボビーおばさんだ。恋人でバイエルン公爵のルイトポルトさんといっしょみたい。公爵っていうのはええと、王子さまとか王さまみたいなもので、バイエルンっていうのはこのあたりのもうひとつの名前らしい。パパもママもぼくたちの住んでいるここをドイツって言うけど、ボビーおばさんと公爵とローズィはバイエルンだって言う。パパとママは自分たちのことをドイツ人って言うけど、ボビーおばさんと公爵はいつもバイエルン人って言うんだよなあ。

公爵の車は運転手つきだった。白い手袋をはめて、キャスケットには金色の房かざりと、日よけ兼風よけの黒光りするつばがついている。車のほうは四輪馬車の内がわにベージュの革を張ったようなかんじ。公爵はほんとうに本物の王様みたいだ。まず頭にはシルクハット、燕尾服を着たところはちょっとペンギンっぽいけど、かたっぽしかないめがねもかけてる。片めがねっていうやつ。ぼくは公爵に「手品師」ってあだ名をつけていた。だって、あんな丸いガラスを眼の前にのせて落とさずにいられるんだもん。ボビーおばさんはまっしろで大ぶりな帽子をかぶり、指にはたくさんの指輪がお日さまにあたってキラキラしていて、ぼくをみつけると軽く手をあげて大きな声で「ビュルシ！」と呼んだ。そう、ぼくは家ではみんなから「ビュルシ」ってよばれてる。バイエルンの言葉で「小さな男の子」っていう意味なんだって。ぼくは答えるかわりに片手をあげた。それから公爵のほうも、長くて立派なステッキについている金色のにぎり手をちょっと動かしてあいさつしてくれた。おばさんはピンクのリボンがかかった包みを大きく左右にふっている。包みの中身はわかっていた。きっとパット・ドゥ・フリュイの箱づめだ。会うといつもくれるもの。早くあがってきてくれればいいのに。いますぐ食べたいよう。

でもふたりとも通りの反対側をながめたまま動かない。そこには、ちょうど黒い大きな車がやってきて停まったところだった。兵隊みたいな制服を着た運転手さんがぐるっと回りこんで、後部座席のドアを開ける。中から男の人が出てきて、ボビーおばさんをじろじろ見て、つぎに公爵を見て、それから目をあげてぼくのほうを見た。

その人は黒い小さな口ひげをくっつけていた。パパのとおんなじようなやつを。

＊

急にローズィが入ってきたのでぼくは飛びあがった。すごい勢いで窓をしめると、カーテンをおろして、ぼくを着替えさせてベッドにねかせる。おひるねの時間だってさ。おひるねなんて大っきらいだ。それに格子つきのベッドも。

鳥たちの歌声はまだ聞こえていて、ぼくは天井でゆらゆら波のようにゆれるカーテンの影や、小山のようにもりあがった天井の飾り縁をながめた。目をつむると、ほっぺたをやさしくつつんでくれるローズィの手を感じた。そうしてそのままねむりこんでしまった。

と、目がさめた。こわい夢をみたせいだ。向かいに住んでいるあの男の人が鬼になって、ぼくたちをつかまえて食べようとするんだ。髪はもじゃもじゃ、両手のつめは長くとがっていて、ベッドのわきのテーブルに置いてある『もじゃもじゃペーター』の中のあのいじわるなペーターにそっくりだった。その鬼に追いかけられて僕たち家族は通りから通りへとにげまわる。ぼくはパパとママの手をにぎっていたけど、ふたりがあんまり早く走るからすべって転んでしまう。助け起こそうとするママと、近づいてくる鬼。そこへフリードリヒまであらわれた。フリードリヒはお手伝いさんをムチで打ったり猫に石をぶつけてころしたりハエのはねをむしったりハトをしめころしたりするおそろしいやつで、やっぱり『もじゃもじゃペーター』に出てくるんだけど、そいつがぼくとママに向かって大砲の弾みたいに椅子を投げつけてきた。

『もじゃもじゃペーター』って、おもしろいけどすごくへんな本なんだ。イエスさまが出てきて、ごはんをちゃんとぜんぶ食べる子、人のおもちゃをとったりしない子、ママとおぎょうぎよく手をつないで歩く子にはプレゼントをくれる。天使のはねと輪っかがついたイエスさまは、ネグリジェ姿の女の子みたいな格好で、雪の中にひざまずいて、頭のうえにはお星さま。ただし、プレゼントをよくみると銃剣や進軍ドラムも混じってる。そうしていろんな悪い子の出てくるこわいこわいお話が始まる。フリードリヒは飼い犬をムチでこれでもかってくらいに打つ。パウリーネはめらめら燃える炎につつまれて死んでしまう。リボンも、髪の毛も、足もまつげも灼きつくされて、最後に残るのは灰の山と、みがきこまれたちっちゃな靴だけ。パウリーネが飼っていた二匹の猫は涙を流して、その涙が湖になる。真っ黒な男の子をからかった子たちは巨人・ニコラスに罰としてインク壺の中にしずめられ、ついには紙かと思うくらいペラペラにされて影みたいになってしまう。指しゃぶりのやめられないコンラートが大きなハサミをもった男に親指を切り落とされてしまう話を読むとこわくてぶるぶる震えちゃう。だってぼくもやっちゃうんだもん。それからカスパーは、ごはんを食べるのをどうしてもいやがったせいで死んじゃうし、ロベルトは傘に運ばれて空のかなたへ消えちゃうんだ。ぜんぶのお話がぼくの頭のなかでごちゃごちゃになる。あの子たちが空中にぷかぷか浮いている。ぼくのまわりを飛んでいる。ぐにゃりと曲がったり、のびたり、消えたりまたあらわれたり……。

暑い。首がじっとりしめってる。

いまのは悪い夢だったんだ。

ぼくはベッドの中でひとり立ちあがった。

そうして格子をまたいで、小さな籐の椅子によじのぼり、窓から外をながめた。

通りは静まりかえっていた。目の前のカーテンがふっとゆれた。

＊

わあい、はだかんぼうだぞ。そのままそこらじゅうぴょんぴょん跳ねまわると、ローズィはわらいながら服を持って追っかけてくる。ぼくのことを「私のお人形さん」なんて呼んで、あのちくちくするオーバーオールみたいなのを着せようとするんだ。お人形であそぶのは好きだけど、ぼくは人形じゃなくて人間だい！　でも自分の人形のほうは、ちゃんとお着がえさせてベビーカーに乗せて、散歩させてあげるのが好き。寒くないようにプレードの毛布でしっかりつつんで、毎日ローズィといっしょに公園まで連れていくんだ。その途中でヒトラーさんちの前を通る。ローズィはそのときだけいつも少し早歩きになって、ぼくのお話を聞いてくれなくなる。

だから昨日、ヒトラーさんが住んでるアパートの前で毛糸のぼうしを落としちゃったときも、すぐ言ったのにぜんぜん聞いてくれなかった。しょうがないから、後からもと来た道を引き返した。そうしたら見張り番をしていた人がぼくのぼうしを手に持っていた。大きくて、兵隊さんみたいな格好をしたその人はぼくに向かって、かわいい子だね、大きくなったら勇敢で立派なドイツ人になるぞ、って言った。ローズィはその言葉を聞くか聞かないかのうちにもうぼくを連れて歩きだした。足早に、ぼくの手を痛いくらいぎゅっとにぎりしめて。なんだか怒ってるみたいで、ぼくはなんにも言えなかった。それからきつい口調で、知らない人と口をきいちゃいけません、いつも言ってるでしょ、って何度も言われた。

うちの中にいれば安心だから、部屋の窓から見張りの人をじっと観察する。だっておもしろいんだ。前を通りかかる人たちが片うでをあげてなにか合図して、見張りの人は片手を軽くあげて答える、っていうのをしょっちゅうやってるの。それに車もたくさん走ってる。車よりはおそいけど、ぼくの大好きな幌つきの馬車も。何台も通りすぎていくのが聞こえる。ひづめが舗石にあたってパカパカ鳴って、ローズィがお皿を洗ってるときの音みたい。ぼく、口であれとそっくりな音を出すのが得意なんだよね。

ぼく、馬をもってるんだ。木でできたすっごいやつ。ピアノのとなりに飾ってあったモミの木の下にサンタさんがおいていってくれたんだよ。赤い玉をぶらさげたツリーの根元にみんなして靴をならべておいて、次の朝起きてみるとそれぞれの靴の前にちゃんとプレゼントがあって、みんなパパにありがとうのキスをしにいった。ぼくもしたんだけど、パパは、お礼を言うならサンタさんだろうって言った。でも、それならイエスさまも忘れちゃダメだよね、お誕生日なんだから、とぼくがつけ加えたらみんなに大わらいされた。なんでなのかよくわからなかったけど、とりあえずぼくもわらった。ちょっとふざけただけなのに。こういうの、よくあるんだ。ぼくはまじめに言ってるのに大人の人たちがおもしろがるの。ママはぼくに、あら赤くなってるわ、って言った。ぼくは赤くなった自分がみてみたくて玄関の鏡をのぞきこんでみた。でも、どうもなってなかった。ほっぺが赤くなるのって、鏡には映らないのにみんなの目には映るみたい。そういう幸せなときにあったかくなってるのは、ほんとうは心なんだよね。いまならもうちゃんとわかるよ。

*

ママは毎日家にいる。パパのほうは帰るのがおそくて、いつもぼくのごはんがすんでから。でも今日はママもお出かけだった。帰ってきたのはちょうどぼくがおひるねから起きたときで、パパといっしょだった。なにかの包みをいくつもかかえて、ふたりともごきげんだった。ぼくのことを「だいじなだいじな宝物」って呼んで、何度も何度もキスしてくれた。

今日は大事な日なんだ。なんでかっていうと、リオンおじさんがうちにごはんを食べに来ることになってるから。

テーブルに目をやったパパは、わっ！と大声をあげ、両手でばんざいのポーズをとってローズィにお礼を言った。ママもいっしょになってほめたから、ぼくはきっとローズィが赤くなるぞ、と思った。ローズィは、テーブルの準備はエドガーもいっしょにやったんですよ、ってパパとママにちゃんと説明してくれて、ちょっと赤くなったけどすぐ元にもどった。そしたらふたりともぼくに拍手してくれて、たぶん今度はぼくのほうが赤くなっちゃってたんじゃないかなあ……。けさのローズィはまず、白くて大きなテーブルクロスにアイロンをかけるところから始めた。いつもは洗濯場にしまってあるやつだ。洗濯場っていっても、ぼくの部屋でもあるんだけど。つまり、ぼくがいてぼくのおもちゃが置いてあるって意味では「ビュルシの部屋」で、それが洗濯物にアイロンをかけたり、たたんだりしまったりするときには「洗濯場」になるってわけ。だから昼間はぼくとローズィがいっしょに使ってる。

部屋の真ん中には、ふだんは居間の窓ぎわに寄せてある三日月型のコンソールテーブルがひっぱりだしてあった。ローズィはそれをゴムみたいにのばして、大きな大きな食卓に変身させ、まずふかふかのメルトンを敷いてその上から、さっきまでぼくが幽霊ごっこに使っていたあの白くて大きなテーブルクロスを広げた。アイロンのほうもばっちり熱くなってる。ぼくは人形をだっこして子ども用のちっちゃな椅子にすわった。目の前でローズィが熱々のアイロンをすべらせながらクロスのしわをどんどんやっつけていく。水面をゆく白鳥のようにすいすい進むアイロン。ローズィがときどきクロスにふりかけるいいにおいのする水をどんどんのみこんでいくみたい。それがおわると、こんどは食器の準備にかかる。ぼくもローズィから任務をもらったので、きちんと言われたとおりにならべた。ナイフとフォークを二本ずつそれぞれのお皿の両わきに、小さなスプーンとナイフを一本ずつお皿の向こうがわに置いて、さらに小皿を一枚と足つきのグラスを大小一つずつ。最後にお月さまの形をしたサラダ用のお皿を一枚ずつ。ローズィのほうは、小さめのバターのお皿と、カラフをふたつ。ひとつはお水用でもうひとつはワイン用。それにベルみたいなガラスのいれものに入った塩こしょうと、「みたい」じゃなくて本物のベルをひとつ。パパとママとお客さんが席についたら、このベルで台所にいるローズィを呼ぶんだ。ぼくはいつもお客さんに「こんばんは」だけ言ったら台所へひっこんで、ローズィとふたりで食べる決まりになっていて、だからぼくの席はなし。

ローズィはテーブルの真ん中に、枝が七本もついたきれいな燭台を立てた。これはもともとはパパのママ、つまりぼくのおばあちゃんのもので、おばあちゃんはぼくが小さいときに死んじゃった。ときどきパパとママが写真をみせてくれて、エドガーのことをとってもかわいがっていたんだよ、って言うんだけど、杖をついた女の人だったなあっていうのは、ぼくもぼんやり覚えてる。ローズィが、パパとママのお許しがあればろうそくに火をつける役をやってもいいって言ってくれた。ふたりともテーブルの出来映えにとってもごきげんだったから、ぼくは試しにおねがいしてみた。

「いいんじゃないか」パパはそう言ってからこうつけ加えた。「エドガーなら本職のラビ顔負けにこなすだろう」

それを聞いて、なんでかわからないけど、みんなわらった。だからやっぱりぼくはまた真っ赤になった。

そろそろ身じたくにかからないといけないママはローズィに、ぼくをお風呂にいれて、着がえさせて、それからごはんを食べさせるように言った。ぼくが、リオンおじさんは何時に来るのって聞くと、だいじょうぶ、着いたらすぐにあなたのところへ来てくれるわよって答えた。


お風呂の湯気で窓ガラスがくもると、ぼくはさっそくお絵かきを始める。ローズィはおそうじしなきゃいけなくなるからってすごく嫌がるんだけど、どうせ窓を開ければ消えてなくなっちゃうんだから。お湯はやけどしそうなくらい熱くて、ぼくはなかなか中に入れなかった。まず足の指だけつけてみて、次にくるぶし、それからふくらはぎ。そのままちょっと待っていたらだんだん慣れてきて、ようやく腰をおろした。うん、もう熱くないぞ。おもちゃも持ちこんでごきげんのぼくは、歌をうたって戦争ごっこを始める。ドイツ対フランスだ。ベルトルトおじさんは塹壕でけがをしたんだって。ドイツのほうが勝ってたのに、いんちきで負けたことにされたっておじさんは言ってた。パパはおじさんがぼくに戦争の話をするのでふきげんになって、おじさんをどやしつけたので、ぼくは泣きそうになっちゃった。おじさんはあごにひげを生やしてるんだけど、あごひげがある人ってみんないつもなんだかしょんぼりしてみえる。ぼくは大切なおじさんが悲しそうなのはいやだ。おじさんのためにも、ぼくのお風呂戦争ではドイツに勝たせてあげた。

でも今晩ごはんを食べにくるのはそのおじさんじゃなくて、リオンおじさんのほうなんだ。本を書いていて、この前うちに食べ物をもらいに来た人たちや、上のボビーおばさんもおじさんの本のうわさをしていたくらい。ママは、たまにしかうちに来ないからぼくは覚えてないはずだって。どんな人なんだろう。早く来ないかなあ！

手や足の指がしわしわになってきたあたりで、ローズィはぼくをお風呂から出した。ぼくを持ちあげて白いタオルでつつんだら、「お届けものごっこ」のはじまりはじまり。ローズィはぼくにむかって、あらあら、郵便屋さんがドアの前にこんな包みを置いていったわ、って言う。それから、あっちで包みを開けましょう、とぼくを部屋に連れていって、いったい中はなにかしらって言いながらタオルごしにぼくをぺたぺた触る。そうして、あらあら、中から男の子が出てきたわ、っていうところでぼくはうれしくなって声をあげる。ローズィは、今日はなんてすばらしい日なんでしょう、わたしには子どもがいないから、ちょうどこんな子がいたらどんなに幸せかしらって夢見ていたの、って言って、ぼくにキスしてくれて、ふたりでわらう。ぼくはもう大はしゃぎ。

ローズィは、ぼくに頭のてっぺんからつま先までくまなくオーデコロンをこすりつけてから、背中をマッサージしてくれて、そのうち体の中からぽかぽかしてきた。そのあと着せられた白いシャツはちょっと首のあたりが苦しくて、続けてはかされた革の半ズボンはごわごわし過ぎなうえにサスペンダーで肩がひりひりした。最後は革靴、おろしたての新品で、色はぼくの好きなマリンブルーだ。ぴかぴか光ってきれいだけど、ちょっといたいなあ。こんなよそいきみたいな格好、したくなかったのに！　ローズィは不満そうなぼくのごきげんをとろうとして、そうしてると兵隊さんみたいでかっこいいわよ、なんて言った。そうしてとってもやわらかい金色の毛がついた象牙ブラシでぼくの髪を整えて、せっかくの髪型がくずれないように気をつけてね、イエスさまみたいですてきよ、って言った。ぼくはローズィがブラウスの中にかくしている十字架にチュッてした。大きくなったらローズィと結婚できたらいいなぁ。ぼく、ローズィが好き。

パパもぼくの部屋兼洗濯場にやってきた。頭にはキッパっていう、布製のちっちゃなぼうしみたいなやつをちょこんとのせている。パパの部屋にはあれと同じやつがふたつある。ひとつはパパのやつで、もうひとつは、ぼくは会ったことがないおじいちゃんのやつ。ふだんは絶対かぶろうとしないけど、とっても大切にしてるのは知ってるんだ。だって、あれであそんじゃいけないって言われてるもの。ママはなんだか間がぬけて見えるわって言った。でもパパは、リオンはきっとおもしろがるよって言い返して、もうひとつのほうをぼくの金色の髪のうえにのせてウィンクした。

ママが窓にうすい布をおろした。光はちゃんと通すのにぼくたちを外から見えなくする魔法のカーテン。こうすれば近所の人たちにはうちの中が見えないんだ。そうしてママは部屋を出ていった。

ローズィがごはんのしたくをしているあいだ、ぼくはママが部屋でお化粧するところを見ていてもいいことになった。ママは小さな青い丸椅子にすわっていて、ふわふわの裾飾りが床にくっつきそうになっていた。正面にはママがいつも「プシケー」って呼んでるおしゃれな家具。鏡が三つもついてるから横顔もみえるやつなんだけど、それに向かってポンポンしてた。「プシケー」とか「ポンポンする」とか、なんだかふしぎな音ですごく好きなんだよな……。ママはぼくにもポンポンしてくれた。ちっちゃなパフで鼻とほっぺたに粉をポンポンって。粉はテーブルの上の、うすいガラスの小箱に入ってて、そのまわりには宝物がいっぱい。宝石とか、くもり空みたいな色をした真珠のネックレスとか、きらきら光る指輪とか――指輪っていっても、ぼくが手にのせてにぎってもはみだしちゃうくらいおっきいんだけど――それからイヤリングもあって、ときどきぼくの耳をちょこんとはさんでつけてくれたりもした。パパはお風呂場で顔じゅう泡だらけにしてから、やわらかいブラシでその泡をリスのしっぽみたいな形になでつけていた。ぼくはパパのそばへ行って、象牙でできたカミソリをすべらせながら泡を落としていくようすをながめた。カミソリの刃は長くて、みんなで湖へ出かけるときパパがポケットにひょいと放りこんでいく、あのポケット・ナイフの刃に似ていた。

ローズィに呼ばれてごはんを食べに台所へ行くと、いつものようにおいしそうなにおい。今日のメニューはソーセージだ。ぼくの大好きな、白くてよく焼いたやつ。それをローズィがフライパンからじかにお皿へうつすと、まだジュージューいう音が聞こえた。その上から肉汁をかけて、ジャガイモのソテーをそえてくれる。リオンおじさんはもう来ていた。呼び鈴が鳴るの、聞こえなかったけどな。パパとおじさんがそろってぼくの前にきた。声も顔も双子みたいにそっくりなふたり。おじさんのほうが背が低くて、大きくて丸っこいピエロみたいなめがねをかけている。それにおじさんの奥さんのマルタおばさんもいた。この人に会うのははじめてだった。美人で、うなじの上あたりでアップにまとめた髪にうめこむようにして帽子をかぶっていて、くちびるは紅くて、歯は白くて、目は黒褐色

……と、じろじろ見ていたらおばさんと目が合って、ウィンクされちゃった。

リオンおじさんは、ソーセージを食べるからにはその帽子をかぶらなくちゃなあ、と言ってわらっ

た。ぼくには意味がわからなかった。パパはムッとしたみたいだった。それから、兄さんが来るからきちんとした格好をさせてみただけで、それに今日は安息日だし、僕たちの子どものころもそうだったじゃないか、と説明した。おじさんは大きな声でわらうと、あのころはめちゃくちゃな時代だった、そこへいくと、パピヨットにされていないだけましだな、と言った。そうしてふたりしてまたわらってから、パピヨットというのは毛をたばねて巻き髪にしてこめかみにたらす髪型のことだと教えてくれた。昔は、ユダヤ教を信じている男の人たちはみんなそういう頭にしていて、黒い服を着て、カフタンっていう長い上着を着ていて、それさえ着ていれば風が吹いても雪が降ってももちろん雨が降っても平気で、それにキッパをかぶっていたんだって。パパたちが小さかったころは、パパやおじさん、おばさんたちは、ぜんぶで九人きょうだいだったんだけど、昔からの伝統を守って暮らしていたんだって。おじさんは言った。

「幸い、パパやおじさんの世代はそういうの、もうぜんぜんやらなくてよくなったんだ」

それから、みんなで居間にうつった。ローズィはデザートにぼくの好きなカスタードクリームのかかったやつを出してくれて、食べおわったら部屋へ行ってパジャマに着がえて、ちゃんとガウンも着て、スリッパもはいて、居間へおやすみなさいのあいさつをしに行くのよ、と言った。ぼくは絹のベルトをするのも忘れなかった。大人のひとたちといっしょにいさせてもらうには、ジェントルマンとしてはずかしくない格好をしなくちゃいけないからね。

ぼくはいまテーブルの下。リオンおじさんの靴がみえる。白黒の靴で、前にローズィがみせてくれた本にのっていたパンダみたい。おじさんの靴は靴ずみのにおいがした。パパのはぴっかぴかで、そこに部屋中の窓がぐにゃっとゆがんで小さくうつりこんでいた。ママはきれいなハイヒールをはいて、脚をゆったりのばしていた。マルタおばさんはというと、一方の脚をもう一方の脚にからませて、うすくて黒いネットの向こうがわに抱きあっている人がいるみたいにみえた。ストッキングの線と線のあいだには、ほくろをまぶした白い肌がのぞいていた。かくれたままパパたちの会話を聞くぼく。聞こえてくる言葉を、わからないまま自分のなかでただくりかえす。そっくりそのまま覚えて、どういう意味なのか想像してみる。なぞとふしぎでいっぱいの音楽みたいに、ぼくをつつみこんでゆく。

「今週のニュースといえばマルタが新車を買ったんだよ」おじさんが言った。

おばさんはピアノの鍵盤の右はしのほうみたいに高い声で、きげんよくつづける。

「BMWっていう、コーヒー色のスポーツカーなの。女性であれに乗ってるのはミュンヘンでも一、二人くらいのものじゃないかしら。そのうちの一人はほら、フリードルさんて人。お宅のご近所さんの妹さんの。あれに乗って通りすぎるとみんな私を振り返るのよ」

「まあなんだってそんなこと！」これはママの声。

するとパパは、

「それはほら、なんといっても車は馬よりずっと安くつくからね。馬小屋も藁も干し草もなんにも要らない。もちろん御者なんて要るわけがない！」

そこへマルタおばさんの声がかぶさる。

「とにかく便利だし快適なのよ……。今度の日曜日、森の方まで遠出するつもりなの。一緒に来ない？　おちびちゃんだけでも連れていってあげましょうか？　ほんとにかわいい子よねぇ」

「いやそれにしても、僕たちが駐車するところを見ているときのヒトラーのあの顔、みせたかったなあ！」とリオンおじさん。「僕たちがここへ着いたらちょうど彼も帰ってきたところだったんだよ。もっとも向こうは僕が誰なのか気づいてなかったけどね」

「運が良かったのよ。あなたが新聞や雑誌であの人のことをいつもどんな風に書いているか考えてもごらんなさい」

「それがなんだっていうんだい。この国はまだ共和国だ、そうだろう？」

これはおじさんの声だな……。

ママがまた言葉をはさむ。

「あの人が出したあの『我が闘争』っていう本、いまドイツでいちばん売れているんですって」

「いいや、いちばんは僕の『ユダヤ人ジュース』だね」

「気をつけたほうがいいよ」パパが言う。「職場でもみんな兄さんの新しい小説の話をしてくるんだ。『成功』っていうんだって？」

おじさんは小ばかにしたような口調で言い返した。

「そういえばおまえのいるドゥンカー&フンブロートって出版社は、むしろヒトラー氏寄りの方々の御本を出しているみたいだからな……」

パパたちの話はぜんぶはわからなかった。それでもぼくは聞いているのが好きだった。ひとつひとつの言葉を口の中でオウムみたいにくり返す。おじさんはまだ続けた。

「おまえが目をかけてるカール・シュミットって男だけど、SA〈突撃隊〉ナチスの街頭闘争を主に担った〉のクズどもが振り回しているあのわけのわからん理論に明確には反対していないって話じゃないか。我が弟の出版社まで御多分にもれず極右転向の真っ最中だなんていうんじゃないだろうな」

「まさか」言いながらパパはおかしなわらいかたをした。「僕が保証するよ。シュミットはレイシストなんかじゃない。だいたいうちは他にもいろんな作家の本を出してるじゃないか。ほらケインズってイギリス人とかさ、読んでごらんよ。まあ『平和の経済的帰結』に関してはもしかすると例の腐りきった隣人殿が座右の書にするような類いのものかもしれないけど。でも僕はケインズの編集者であることを誇りに思ってるから」

「冗談だよ、冗談。そんなことは僕だってわかってるさ。まあでもとにかく、ゲッベルスは、ヒトラーが権力を握った暁には僕にも高いツケを払わせてやるって言ってた。ユダヤ人を根絶やしにするためならなんだってやるつもりだよ、あいつらは。しかもだ、おまえも僕も、宗教家でもなければ信心深いわけでもないし、うちはきょうだい全員そんな調子だけど、それも関係ない。あいつらにとってはユダヤ人はユダヤ人に変わりないし、敢《あ》えてあいつらのお上品な表現を借りて言えば「害虫」は「害虫」であって、キッパをかぶってなかろうがパピヨットにしてなかろうが、僕たちの大切な両親やおじさんおばさんたちに較《くら》べてユダヤ人度合いが低い、なんてことにもならないんだ。僕たちを殲滅する気なんだよ」

「本当にそんなことできると思うかい？」

「ヒトラーはろくでなしの、刑務所帰りの、チンピラ連中を従えて悪だくみばかりしている男だぞ。

なんだってやるだろ。少しでも領地を広げることばかり考えている中世の諸侯みたいなもんさ。とにかく城やら、黄金やら、奴隷やらが欲しいんだ。そうして、それこそ諸侯よろしく、昔も今も迷信深い大衆の憎悪を鎮めるためにユダヤ人を利用するわけだ」おじさんは言う。

「それは兄さんの小説の中の話だろ」パパが答える。

「それも『我が闘争』より売れてる小説のな……」

「どっちにしても、この国で暮らす私たちにとって明るい材料にはならなそうね」とマルタおばさん。

「ま、あのおぞましいご近所様が僕の次回作を読むかどうかはともかく、きっと傑作にしてみせるからな。そうだ、ちょうどけさ書いたばかりのところを暗唱して聞かせるから、誰のことを言ってるのか当ててみてくれよ」

ぼくは耳をそばだてた。聞こえてくる言葉たちはみるみる横すべりして逃げだして、そのまま行ってしまおうとするから、ぼくは残らずつかまえる。

リオンおじさんの声は音楽のようで、ぼくにはいつまでも覚えていられる響きだった。

「その男がひとたび口を開けば、その声は甲高く、ヒステリックといってもいいほどで、薄く青白い唇と唇のあいだから言葉がとめどなく湧き出てくる。田舎の説教師さながらに大仰な身振りを駆使した演説。話の内容は極めて単純明快で、御高説に従って検討を加えれば、日々の暮らしに潜むどんな仕組みもたちまち解明されてしまうのだった。まず諸悪の根源は高利貸し、ユダヤ人、それに法王。国際的規模のユダヤ金融組織が、結核菌が健康な肺を侵すようにしてドイツ国民の暮らしを破壊してきた。ひとたびあの寄生虫どもが一掃されれば万事うまく運び、物事はすべて然るべく収まるに違いない。機械人形クッツナーが話をやめると、繊細な唇と、控えめな黒い口ひげと、頭部に沿ってぴったりなでつけられ、首に至ってはほぼ平らになっているごま塩の髪とが空疎な仮面のごとき様相を醸《かも》し出す。それでも、再び口を開くや否やその顔はヒステリックな生気を湛《たた》えて奇妙にはつらつと輝き、鼻は反り返って天を突き、同胞諸氏の活力とエネルギーとをかきたてるのである。まったき天才の口ぶりで、公共空間を粛正して原理原則の初歩へと回帰させることの意義を訴えるルペルト・クッツナーの雄弁ぶりは、評判を呼び、次第に広まっていった。彼の演説へと足を運び、熱心に耳を傾け、賛意を示す人々は次第に数を増していった。そのうち、ある印刷屋がクッツナーの思想を特集する地下新聞を刷った。活字にしてみると、彼の思想はいよいよ粗雑さを露見させた。けれどそれでも、読んでいると演説のときのあの躍動感がよみがえり、巧みな弁舌の疾走感に重なった。レストラン「ツム・ガイスガルテン」を訪れる人々は次第に数を増していった。店主と印刷屋とボクサーと二人の運転手は政党「真のドイツ人たち」を立ち上げ、もはや彼を機械ではなく政治思想家として扱うようになった……。どうだい？」

「いやあ」パパは答えた。「手厳しいな！」

「思えば昔、まだ刑務所送りになる前のあいつは僕を「先生」って呼んでいたんだものなあ。ミュンヘンのホーフガルテン・カフェなんかで出くわすとさ。当時よくブレヒトと一緒に行っていた店なんだけどね」おじさんは言った。「フロイト博士が聞いたらどんな風に分析するかな。ちなみにあの人も今度の小説にちらっと出てくるんだ。きっとおもしろがってくれると思うよ。ところで今日はオペラの台本を持ってきたんだ。ブレヒトが書き上げたばっかりの新作。『三文オペラ』っていうんだけど、このタイトルは僕が考えたんだよ！　いいだろ？　このあいだの手術のあと、病院まで見舞いに来てくれてね。あれこれ冴えないタイトルばかり並べてどつぼにはまっていたところに僕が救いの手を差し伸べてやったわけ。これでベルリンのシッフバウアーダム劇場は満員御礼まちがいなしだ」

大人たちのやりとりはモーター音みたいにひびいてくる。リオンおじさんとおむかいのヒトラーさんはきっとケンカしたんだな。ぼくはもうちゃんときいていなかった。何度も出てくる単語や名前が頭の中でごちゃごちゃになっちゃって。「ユダヤ人」とか「戦争」とか「ヒトラー」とか。そんなことよりマルタおばさんの新しい車が見たくて仕方なかった。だってヒトラーさんのよりかっこいいって言ってたもん。ああ、もう耳をふさぎたくなってきちゃった。テーブルの上から聞こえてくる大人たちの声は、まだ同じことを話していた。おじさんが冗談をとばす。パパはわらわなくなった。声がつかれていた。

ぼくはかくれ場所から出てソファーに腰かけた。もうねむたいや。でもがまんした。大人たちの食事がすむと、ママがおじさんのもってきたオペラをピアノで弾いてくれた。楽譜を読みながら軽くハミングするママ。それはとっても貧乏な人たちのお話で、ぼくはこのまえうちに食べものをもらいに来た人たちのことを思い出した。パパとリオンおじさんとマルタおばさんはママをかこんで輪になった。ぼくもそばへ寄った。おじさんはなんだか悲しそうにみえた。パパはぼくにもうねる時間だよと言った。そうしてベッドまでいっしょに来てねかしつけてくれて、ぼくはそのあいだもずっと、ママの歌声とピアノの音色をきいていた。歌にはイギリスっていう国がでてきた。イギリスは島なんだよとパパが教えてくれた。ぼくは海にぷかぷか浮かぶ国を思いうかべて、それからねむってしまった。

*

けさはしごとへ出かけず家にいるパパ。部屋着のガウンをはおっている。家で原稿に赤ペンを入れるときにいつも着ているやつだ。けど今日はおしごとじゃなくて、ママにたのまれてぼくのお世話係。何日か前からボビーおばさんの具合が悪くて、ママはローズィとおばさんのところへ看病に行ってあげなくちゃいけないからって。ボビーおばさんはぼくの本当のおばさんじゃない。うちの上に住んでいるここの家主さんで、この建物はもともとおばさんのパパとママのものだったんだって。小さいころからずっとここに住んでいるっていうから、ぼくとおんなじだ。それにママとも。ママとおばさんは子どものころからいっしょにあそんでいて、親どうしもやっぱり仲良しだったんだって。おばさんは部屋に人を下宿させていて、新しい人が来るとぼくにも会わせてくれて、出ていくときはぼくにもさようならを言いにきてくれる。ローズィとぼくは、おばさんが死なないようイエスさまにお祈りした。ぼくは、おばさんの心臓がドクンドクンと動きつづけますように、っておねがいした。そうすれば生きていられるって知っていたから。それから万が一ぼくのおねがいが聞いてもらえなかったときのために、おばさんがちゃんとお空へのぼれますように、そうしておばさんのパパやママといっしょに幸せにすごせますように、ってお祈りした。天国へ行けば、きっといつかまたみんなで会えるんだ。ぼくはパパとママが死んじゃうなんていやだけど。それにぼくも、ぜったい死にたくない。夜、ベッドの中でよくそのことを考えた。そんなの無理だよね、知ってるんだ。でも、もしかしたら、ぼくだけは……。

ボビーおばさんの具合はだいぶよくなった。おばさんの妹のフリードルは毎日おみまいにきていて、けさはみんなに、おいわいに湖へピクニックへ出かけましょうよ、と提案した。ママはすぐに大賛成した。エドガーの顔色もよくないし、いい空気をすわせてやりたいわ、って！ でもおばさんを家にひとりで置いておくのは心配だから、自分は残ると言った。パパははじめ、仕事がたくさんあって、原稿を読みなおしたり本の校正をしたりしないといけないしって言っていたけど、ママのごきげんがあやしくなっていきそうなのをみて、あきらめてOKした。ママは、自分はさっそくピクニックのしたくにかかるから、そのあいだにローズィはぼくを外あそび用の服に着がえさせること、パパもしたくすること、って宣言した。フリードルはぼくにウィンクしてみせた。ぼくが車、大大大好きなのを知ってるからね。フリードルがボビーおばさんに会いに来るときはいつも、まず家の下のところにとめてからクラクションをならしてくれて、そうするとぼくがいそいで窓から顔を出して車をながめる、っていう決まりになってるくらいだもん。それから「そうそう、うちの娘も来るからね」と聞いて、赤くなっちゃわないようにがんばった。

よく思うんだ。もしも自分の思っていることがみんなに聞こえていたらどうしよう。聞こえてないといいなあ。きっと聞こえてないよね。だって、もしそうならぼくにもみんなの頭の中の声が聞こえるはずだもん。他の人の考えが読みとれたり、見ているものが見えたり、そんな力があったらなあ。でもそれよりなにより、フリードルのところのアラベラがすっごくかわいいって思ってるのが、みんなにばれませんように。アラベラはぼくと同じ五歳で、目はみどり色で、髪は金色。ほっそりした鼻をしていて、いつでもおりこうそうで、あの子がにっこりするといつも赤くなっちゃうんだよな、ぼく。

幌を全開にして走る車。アラベラとならんでうしろの座席にすわるぼく。運転席にはフリードル。そのとなりで、白いスーツに白いジレ、白いシャツという格好のパパが白い帽子を風に飛ばされないように手に持っている。お日さまに照らされて熱々になった革はいいにおいがして、シートにぴったりくっついた太ももがちょっぴりひりひりした。アラベラがぼくと自分とのあいだにひじかけをおろす。空は青くて、白いもめんみたいな細かなしましまが、いくすじもきざまれていた。車はさわやかな音を立てながら道をはねるようにかけてゆく。でこぼこ道に砂ぼこりを巻きあげて進むぼくたち。自転車や荷馬車、それに果物と野菜をいっぱいにつんだ手押し車をおしている農家の人たちを追いぬくたび、フリードルはクラクションを鳴らした。片方のうでをのばして手を飛行機のつばさみたいな形にしてみる。ぼくは飛んでいる気分だった。

ぼくたちはふたりで「じゃんけんぽん」をしたり「質問ゲーム」（相手の質問に「はい／いいえ」以外の言葉で答え、反射神経と機転を競うゲーム）をしたり「ジェスチャーゲーム」をしたりしてあそんで、景色をながめながら歌をうたって、そのあとねむりこんでしまった。目がさめると、シュタルンベルク湖のほとりにいて、車の前には十字架があった。パパはぼくたちを車からおろしてから、あそぶ前にすこし教えてあげよう、と歴史の話をしてくれた。歴史の話っていうのは、おとぎ話と違ってほんとうにあったこと、むかし起きたこと。おとぎ話っていうのは、その反対で、ぜんぶ作りごとなんだ。パパは目の前の十字架と、そのすぐ後ろにあるちっちゃな教会を指さした。あの十字架と礼拝堂はルートヴィヒ二世っていう王さまを記念して建てられたもので、ルートヴィヒ二世はここで、湖の向こう側にみえるあの皇后シシーのお城を前に死んだんだ。アラベラは、それって騎士とかがいたころ？ とたずねた。パパは、そんなに昔じゃないよ、僕はもう生まれていたからね、と答えた。それからその王さまのことをいろいろ教えてくれて、パパと同じルートヴィヒっていう名前なんだけど――それだけでもちょっとおかしいよね――みんなから「バカ殿」ってあだ名をつけられてたっていうところで、ぼくとアラベラはゲラゲラわらった。とにかくこういうロマンティックなことが大好きな王さまでね、とパパはフリードルの前にひざまずき、大げさなしぐさで皇后シシーにせまっては嫌がられる「バカ殿」になりきってみせた。つぎにこんどは棒きれをひろうと、心臓をひとつきにされたまねをして、そのままわきにたおれこんだ。ぼくたちはきゃあきゃあ言いながらパパのところへかけよって、おなかをぽんぽんたたいて生き返らせてあげた。

それに、ルートヴィヒ二世が自分のなかには他人とはちがうとても清い血が流れていると信じこんでいたという話もしてくれた。そうしてまじめな顔になって、そんなのはばかげた考えだ、みんな同じ血が流れているのにね、とつけくわえた。フリードルは、たいせつなのは魂がどんな色をしているかなのよ、と言った。世の中にはうすよごれた魂と呼ばれるものと、うつくしくて清く高貴な、王子さまの魂があって、ぼくの魂は王子さま色だし、アラベラのはお姫さま色なんだって。それから「バカ殿」が、雲の向こうがわにつきだしちゃうくらい高い塔のいくつもある、おとぎ話に出てきそうなお城をたてさせたときの話もしてくれた。今度の夏、ハインリヒおじさんのところへバカンスに行ったらみんなで見てまわるんだ。ハインリヒおじさんていうのはママの弟で、この湖の反対側あたりに家をもってるんだよ。「バカ殿」の城塞の真ん前にね。

車のトランクから食料を取りだすフリードル。バスケットをあけると中には磁器の食器一式。それはほんとうにきれいで、お皿と、グラスと、ナプキンと、パンと、サラミと、ハムとがぜんぶぴしっと収められていて、バラバラにしちゃうのがもったいない気がした。まるでおままごとのお弁当セットみたいだった。ぼくたちはみんなでそれをきれいな色のテーブルクロスの上にぜんぶならべた。パパがシャツとおんなじくらい白いパラソルを立てた。ママとローズィがつめてくれたとびきりのごちそうがぼくたちの前に広げられる。ゆでたまご、冷製チキン、マヨネーズ、ソーセージ、ポテトサラダ……みんな夢中でむしゃむしゃ食べた。デザートはフリードルのお手製で、桃を小さく切ってお砂糖をまぶしたやつ。ほんとうはフォークで食べなきゃいけなかったんだけど、桃色になったお砂糖の最後のひとかけらがどうしてもうまくとれなくて苦戦していたら、かけらごとなめてもいいよって言ってもらえた。フリードルはぼくが白いレースのナプキンにしみをつけやしないかと気にして、湖の水でぼくの顔のよごれを落としてくれた。ごはんの後は、ウールの水着に着がえて岸辺まで行き、まだ泳げないアラベラとぼくは足だけ入って、手で水をバシャバシャして顔にかけあったりしてあそんだ。それからまるい小石をひろって水切りに挑戦。ぼくはなんとかして遠くまでぴょんぴょんさせようとがんばったけど、石は投げるとそのままさざ波ひとつ立てず水の中へ消えてしまう。そこへいくとパパのは、アメンボみたいにどこまでもはねていけそうだった。水平線の上にヨットがいくつもうかんでいて、ふくらんで先のとがった帆は公園にいる白鳥の首に似ていて、ぼくはアラベラと手をつないだままねむってしまった。目をさましたときには、ぜんぶきれいにかたづいていた。それからみんなで湖にバイバイして、車に乗りこみ出発した。暗い色をした木々がうすむらさきの空に重なっていた。ぼくは、道のでこぼこや、入り口の門がギィときしむ音や、だっこしてくれるパパのうでや、ほっぺにふれるママのくちびるや、そうっとずり下げられてゆく服や、ひんやりしたパジャマや、つめたいシーツを、うっすら感じながら、そのうちぐっすりねむってしまった。

＊

けさは雨でなんだかお部屋がさみしい。壁も空もおんなじ灰色。水のつぶつぶがいくつも窓ガラスをすべっていく。そのなかでいちばん早い子たちを目で追うぼく。動かずにじっとしている他のつぶつぶのそばを混ざらずにすべりぬけ、一列にならんでから、ちっちゃく、まるでてんとう虫みたいになった。生きてるみたいだな。鼻を窓にぺたっとくっつけて、ぼくはつぶつぶたちがあそんでいるのをながめた。するとそのずっと向こうの、外がわの世界で、ヒトラーさんが家から出てくるのが見えた。だれか男の人に傘をさしかけてもらって、ヒトラーさんは車に乗りこみ、行ってしまった。

＊

アラベラはうちに来なくなった。ぼくは会いたいのにな。

ボビーおばさんはすっかり元気になったらしい。おばさんの友だちの「バイエルン公爵」がぼくたちに知らせに来てくれた。公爵はいまパパの書斎にいて、ぼくはふたりをスパイ中。だってあのふたり、みてるとすっごくおかしいんだ。向かい合ってまじめそうになにか話してるんだけど、身体を上下にゆさぶりながら、つま先立ちしてのびあがったり、ふんぞりかえったり、なんだかあやつり人形みたい。公爵は片めがねが落ちないようにへんてこな顔をしてるし。ふたりして本だなから本を取りだしては、ひらいたり、めくったり、かと思えばだまってもとの場所へもどしたり。脚立のてっぺんに立って、ずっと上のほうにしまってあるおっきな本を取ろうとするパパ。そこへママがコーヒーをもってきたので、ぼくは「あひるさん」をやらせてもらいたくて、かくれ場所からはい出した。大人たちはみんなでフリードドル夫婦の話をはじめた。公爵はフリードドルの相手の男の人をよく思っていないみたいだった。あの男はヒトラーの信者だろう、と言った。だれも、ちがうとは言わなかった。ぼくはフリードドルの悪口を聞くのはいやだった。アラベラに会いたかった。いつかアラベラと結婚できるかな。それとも、ぼくはユダヤ人だけどアラベラは違うから、そのせいでダメって言われたりするのかな。でもきっとだいじょうぶだと思う。だってパパはママの前にもべつの女の人と結婚してたけど、その人はユダヤ人じゃないし、子どもだって生まれたんだから。名前はドロル。ぼくの大好きなおねえちゃん。いま一二歳で、ときどきうちに来て、しばらくとまっていったりするんだよ。

＊

毎日少しずつ暑くなってくる。お日さまが出ている時間も長くなってきた。ぼくと同じで、だんだん伸びるんだ。もうすぐ夏。ぼくは早くハインリヒおじさんのところへバカンスに行きたくてしかたなかった。今度はみんなで「バカ殿」のお城に行けるといいな。今週に入ってからというもの、ローズィは荷造りに大いそがしだった。もうもうと湯気を上げる大きな鉄のたらいをいくつも使ってお洗濯。こすったり、ブラシをかけたり、すすいだり、かきまわしたり。うでまくりして顔は真っ赤っか。石けんっていい匂いだな。それから洗濯物をしぼって広げてワイヤーに干していくと、洗濯場が迷路になっちゃった。ここでゆうれいごっこをすると楽しいんだけど、ローズィにしかられるんだよな。戦争ごっこもダメで、せっかく洗ったのにその指でさわるとよごれちゃうでしょ! って。そんなの知らないもんね。ぼくは兵隊さんなんだ。偵察隊になってそうっとホフクゼンシンしたり、パイロットになって機銃つき複葉機で飛びまわったり。ぼくがそうやってあそんでるあいだも、ローズィはメルトン張りの大きなテーブルに洗濯物をのせてどんどんアイロンをかけていく。シーツ、シャツ、パンツにパジャマ、いろんな色のワンピース、それからぼくのハンカチとか靴下とかこまごましたものもみんな。ローズィがさっさか動かしてるあの熱々の鉄の近くには、行っちゃいけないんだ。先の部分がとんがってて、いつものように布の上をすいすい進むようすが、なんだか今日は船みたいにみえた。静かに湖をゆく船。そのうしろで波が立っては消える。ローズィが洗濯物をたたんで、かさねて山にして、きちんと分けてしまっていく。こっちの山はぼくの部屋のひきだし、あっちの山はろうかで軍人さんみたいにびしっとならんで待っている小さなトランクや大きなトランクに。ママが中をたしかめて、あちこちひっくり返し、山をくずしてまた山にして、たたんであったものを広げてまたたたんで、まよって、決めて、気がかわって。それから、夜になってパパが仕事から帰ってくるとまた服の話をして、パパの意見をきいた。パパはてきとうに返事をしているみたいだった。ねてるときのぼくとおんなじだ。ママやローズィが話してる声は聞こえてるんだけど、でもやっぱり半分くらいねてるんだよね。

＊

朝、ハインリヒおじさんがやってきて、ぼくの部屋の窓の下に車をとめたのがみえた。ドアがひらくと、おじさんが出てきて向かいの建物のようすをうかがいながら、たばこに火をつけた。上の階、つまりヒトラーさんの家には、あかりがついていた。外はもう明るかったのに。灰色のカーテンの向こうで影が動いた。ぼくは、ヒトラーさんにはぼくがみえてるのかな、バカンスへ行くのも知ってるのかな、とか考えた。すると玄関のベルが鳴ったのでびっくりして飛び上がったら、ハインリヒおじさんがいた。ぼくはおじさんにかけよってキスをした。パパもママもおじさんもぼくもごきげんで、にこにこだった。みんなで荷物を下までおろして車の上にくくりつける。ローズィはというと、いっしょにバカンスには来ないから、ぼくにキスしてだきしめてくれて、あんまりぎゅうっとするから息が苦しくなっちゃった。それを見てみんないつもみたいにわらって、ぼくは赤くなった。そして出発した。

いまはみんなしておじさんの車の中。パパは冗談ばっかり言って、車のことでおじさんを質問攻めにした。おじさんは得意そうだしうれしそうだった。すごくよく走るんだ、うちから君たちの家まで一二〇キロくらいあるけど、たいしてかからない。六時間くらいかな。ママはそれでも長いと思ったみたい。ぼくはへっちゃらだけどね。

出発して二時間。おじさんがリヒャルト・シュトラウスの話を始めた。おじさんがいっしょにおしごとしてる作曲家で、『アラベラ』っていうオペラを書いた人。シュトラウスさんならぼくも知ってるんだ。ママがよく歌ってくれるから。『サロメ』っていう曲。知ってるどころか、くわしいくらいだよ。『七つのヴェールの踊り』っていう曲をひいてくれたこともあったな。その日はパパと仮面舞踏会へおでかけする日で、ママはお姫さまみたいな格好をしてたっけ。大きくなったらいっしょに『サロメ』を観にいくって約束もしてくれた。ヒトラーさんの家のとなりにあるオペラ座にね。車の中はみんなが吸うたばこのけむりでもうもうとしていて、ぼくはだんだん気もちが悪くなってきちゃった。おじさんはシュトラウスさんの話を続けた。お金に目がなくて、アルプスのツークシュピッツェ山のふもとにあるガルミッシュっていうところに、ちっちゃなお城を持ってるらしい。

「とにかくものすごいバイタリティなんだよ。作曲していないときも、あの広大なお屋敷に入れかわり立ちかわりやってくる親戚連中や招待客の音楽家達を相手に、歌をうたったり、ピアノを弾いたり。他人が書いたオペラの指揮を振るのも大好きでね。モーツァルトの『コジ・ファン・トゥッテ』とかワーグナーの『トリスタン』とか。宙空を舞う右手、指揮棒はピンと張りつめ、左手はポケットにつっこんだまま。まるで絶対に狂わないメトロノームだ。あんな奴は見たことがないよ。もう六五歳だっていうのに歌い手たちよりもはつらつとしてさ。湖に氷がはるとスケートまでするんだ。ちょっと見ると、いかにもお堅そうな感じだけどね。スカットをやっているところを見せたいよ！　すっからかんになるまでやりかねないんだから！」

スカットっていうのはカードゲームのことよ、とママが教えてくれた。

「それで、政治的にはどうなんだ？」パパがたずねた。

「とりあえずナチではないよ」とおじさん。「それに息子の方はつい最近、かのアリス・グラブ嬢と結婚したばかり。よろしいですかお義兄さま、彼女もですね、我々と同じ、アブラハムの気高き子孫でありますぞ。で、そのアリスの父親はエマニュエル・フォン・グラブといって、チェコの実業家なんだけど、こっちも古い友人だよ」

「ユダヤ人とかナチスとか……もっと他になにか話すことはないの？」いらいらしたママが口をはさむ。「エドガーがこわがるじゃない」

ぼくはうとうとしていた。けどこわがってなんかいなかった。夢のなかで、ぼくはあの「レッド・バロン」になっていた。そう、マンフレート・フォン・リヒトホーフェン男爵。空の勇士。しっぽのところに大きなドイツ十字章をつけた真っ赤な飛行機「フォッカーDr.I」で、敵を何十機も撃墜していく。フランス人をやっつけて、イギリス人を追いまわし、カナダ人とアメリカ人を追っ払って。それっ、機銃掃射だ。敵の飛行機は急降下してどっかーん。敵たちはみんなパラシュートで脱出。ぼくはといえば雲と雲のあいだをぬけてイギリス空軍の英雄アーサー・ロイ・ブラウンを追いつめる。そうして一機やっつけるたびコックピットに十字を書きたしていく。革のヘルメットに大きなゴーグルをつけて。アルプスの山やまやシュトラウスの家を下に見ながら飛びまわるぼく。小さな女の子がぼくのために『七つのヴェールの踊り』を演じてくれる。女の子はうたう。その香りがぼくにとどく。青い香り。クラクションが聞こえてくる。もうここが夢の中なのかもわからない。

目がさめると大きな部屋にいた。壁も床もぜんぶ木でできた部屋。ぼくは起きあがってカーテンを開けた。どんよりにごった湖が見える。空もやっぱりどんよりしていて、水平線のあたりでほのかなバラ色が湖の青とまざりあっていた。そのむこうの山の中には、お城があって、雲をつくような塔がいくつも立っていた。あれは「バカ殿」のお城だ。それで、夜のあいだにハインリヒおじさんの家に着いたんだとわかった。ぼくは部屋のとびらをあけて下の階へおりていってみた。おじさんは大広間にいた。しましまのシャツに絹のガウンをはおって、きれいなストールをまいて。それに音楽も聞こえてくる。ぼくは蓄音機のほうを見た。蓄音機っていうのはトランペットの親戚っていうか、おっきな貝殻みたいな形をしてて、そこから音が出てくるしくみになってるんだ。台の上では真っ黒なレコードが回っていた。かかっているのはやっぱり『七つのヴェールの踊り』だった。おじさんは、ぼくがすぐに曲名をあてたのをみて、エドガーは音楽家向きの耳をしているね、と言ってくれた。それからパパとママも来た。ぼくはふたりにかけよってキスをした。おじさんはまた、エドガーには音楽の才能があるよ、と言い、それを聞いてふたりともうれしそうだった。ぼくはかっこいいパイロットのほうがいいんだけどな。

バカンスに来てからずいぶんたった。もうこのままずっとここにいたいなあ。ミュンヘンよりいいもの。大広間ではみんなですごろくをして遊んだ。お庭ではクロッケー。木でできた色とりどりの球をマレーでたたいて、やわらかな草むらの中に置かれたアーチ型のゴールに通していく。それから四つ葉のクローバーをさがしたりも。ある日の午後、ママがぼくの手相をみて、エドガーは少なくとも一〇〇歳までは生きるわね、って言った。そのころにはもう二〇二四年かあ。みんなして毎日湖で泳いだ。あ、ぼく以外のみんなね。ぼくはまだ泳げないから。おぼれちゃったりしたらこわいもん。「バカ殿」みたいにさ。だからぼくは岸辺にのこって、船のおもちゃをいくつもうかべてあそぶんだ。ママが近くにいてくれて、お昼になったら別荘へもどってごはんを食べて。お昼ごはんのあとはおひるねしなきゃいけないんだけど、ねむくなくて、あれこれ考えてみたり。部屋に置いてあるものをながめていると、だんだん自分のほうが逆に見られているような気もちになってきたりして、そのうちねむっちゃう。パパとハインリヒおじさんは、平日はミュンヘンへお仕事に出かけて、金曜日にはもどってくる。いっつもナチスとお向かいのヒトラーさんのことを話してばかりで、ぼくはうんざり。ちっともおもしろくないんだもん。ママだってそう言ってるんだから！

今日はこれから、みんなで「バカ殿」のお城に行くんだ。早く着かないかなあ！　跳ね橋とかあるのかな。鎧《よろい》とか、お城のてっぺんから大弓で放った矢のざんがいとか、草むらにころがっていたりして。あと、宝物とか、牢屋に入れられていた人たちの骨とかさ。よおく探せば秘密の通路の入り口だってみつかるかも。

お城の中には入れなかった。その代わり、湖のほとりでピクニックした。ぼくがハチに刺されたらたいへんだからと、パパとママはいちごジャムを小さなお皿に入れ、みんながすわっているまわりに何枚もならべた。おかげでハチはぼくたちなんかそっちのけで専用のごちそうに夢中だった。ごはんの後は高鬼や目かくし鬼をしてあそんだ。レモネードも飲んだ。それから、別荘へ帰ることになった。
帰るころになっても気もちのいいお天気がつづいていた。空には、お日さまとお月さまがいっぺんにみえた。日は暮れはじめていて、車はスピードを上げた。ちっちゃな虫が入ってこないようにママが窓をしめた。ちょうどそのとき車が急に止まった。タイヤがどこかにはまっちゃったみたい。パパは助けを呼びにいった。ぼくはパパがもどってくるのを待ちながら心の中でお祈りした。このましばらく動けなくなりますように。しょうがないから今晩はみんなでお城にとまろうか、ってなりますように。パパは農家の人たちを三人連れてもどってきた。変わったしゃべりかたの人たちで、ぼくにはときどき何を言っているのかよくわからなかった。それからパパたちはみんなで車をとりかこんで手をかけて、せーので持ちあげた。ぼくだけ乗ったままでいさせてもらえたんだけど、車が船みたいにゆらゆらゆれた。帰り道、ぼくはママのおひざに頭をのせてねてしまった。大人たちの話し声が子守唄みたいにひびいてきた。おじさんの別荘にいつ着いたのかも覚えていない。目がさめたらベッドのなかにいた。もう、朝だった。

きのうから、ずっと雨。だから湖へ泳ぎにも行かれない。もう夏もおわりね、とママが言った。別荘じゅうがなんだかしょんぼりしていた。広すぎて、しんとしていて。ぼくは退屈だった。いっしょにあそぶお友だちもいないし、お気にいりの自動車はみんなミュンヘンのおうちに置いてきちゃったし。それに、ローズィに会いたいよ。帰って、自分のおへやで、自分のおもちゃであそびたいよ。ぼくは、お向かいのおじさんもバカンスから戻ってくるかな、と考えた。来ないといいな。あの人、どこか他のところへ住めばいいのに。いなくなっちゃえばいいのに。「バカ殿」のお城に閉じ込めちゃえばいいんだ。それか、あの王さまみたいにあのおっきな湖でおぼれちゃえ。

＊

バカンスから戻ってずいぶん経った。ぼくはすこし大きくなった。ぼくたちが家に着いた日、ローズィの目は真っ赤で、うるうるしてた。ぼくはローズィが泣いちゃう、と思った。それで、そんな悲しそうにしないで、って言ったら、あなたにまた会えて嬉しくて泣いちゃいそうなのよ、って言った。ぼくは胸がいっぱいになった。

次の日、ヒトラーさんがいるのがみえた。あの人も帰ってきてたんだ。家族でバカンスに行ってたのかな？　ピクニックしたりしたのかな？

今日の昼間は電話が鳴りっぱなしだった。いつもよりずっと早く仕事から帰ってきたパパは、片手に新聞をどっさり抱えていた。ハインリヒおじさんがうちに顔をだした。なんだか不安そう。ぼくはあいさつしに行きたかったけど、おじさんがあんまりしょんぼりしているみたいだったからやめておいた。夜、お風呂とごはんが終わってからパパが、おじさんのお金がほとんどなくなっちゃったこと、湖の別荘を売らなくちゃいけなくなることを教えてくれた。ぼくは、水遊びや、蓄音機や、クロッケーや、「バカ殿」のお城や、四つ葉のクローバーや、あのぜんぶ木でできた部屋のことを思った。それから、それはおじさんが言ってた「黒い木曜日」のせい？ってきいた。パパはほほえんで、言った。

「そうなんだ。「黒い木曜日」っていうのはね、昨日のことをみんながそう呼ぶようになったんだよ。持ってたお金がぜんぶなくなっちゃったり、家までなくなっちゃったりした人もいて、そういう人たちにとってはお葬式みたいに大きな不幸のあった日だからね」

ぼくは、じゃあぼくたちみんな貧乏になっちゃったの、ときいた。パパはわらいながらぼくを抱きしめた。パパたちの財産はここにいるこのちっちゃな男の子がすべてだ。だれにも取り上げたりできないさ。

1930

必要の女神が私を両の腕に抱き、そのまま抱き潰しかねない力を込めてくることもしばしばだった。私の意思の力はそうやって障害を得て大きく育ち、ついには打ち勝ったのだ。

己を強靭にし、また強靭であり続けられるようにしてくれたあの時代をありがたく思う。

さらにいえば、安直な生きかたにつきものの空虚さと決別させ、脆弱な巣穴から甘ったれの子どもを引っぱりだし、未知なる大海へと漕ぎ出すための試練を突きつけ、災禍と貧窮とに満ちた世界に否応なく投げ込み、ゆくゆくはその益に資するべく闘うこととなる人々について知るよう仕向けてくれたことに感謝するばかりだ。

（『我が闘争』より。芸術家志望の青年だったウィーン時代の苦境を回顧して）

今日は朝から空を雪が舞っている。向かいの建物の様子はよく見えない。サンタさんはもう何日か前に来たみたい。ぼくは会ってない。でもちゃんとそりに乗ってきたはずだよ。今年もおもちゃをたくさん置いていってくれたけど、ぼくはつまんないんだ。ひとりぼっちなんだもん。毎日一緒にいられるきょうだいがいたらなあ。おねえちゃんのドロルはクリスマスに家へやってきた。おねえちゃんのママと一緒に電車に乗ってベルリンから。部屋の窓からながめているとタクシーが着くのがみえて、降りてきた二人はトランクとプレゼントをいっぱいに抱えていた。ぼくは、きっとぼくにくれるやつだ、と思った。それなのに変なんだ。玄関へ迎えにいってみたら、ぜんぶなくなってた！ ぼくは、みんなに気づかれないようにがんばったけど、本当はとってもがっかりした。でもだいじょうぶ。次の日にはちゃんと、もみの木の根元にプレゼントがどっさり置いてあって、みんなもらえたもんね。それにね、それに、なぜか前の日におねえちゃんたちが持ってたやつとそっくりな包みもあったんだよ。

ドロルおねえちゃんのママは、リリーっていう名前。ぼくはリリーおばさん、って呼んでる。リリーおばさんはぼくのママと一緒になってパパをからかって遊ぶ。怠け者とか、おっちょこちょいとか、服のセンスがないとか。言われたパパは楽しそうに笑う。ぼくも笑う。ぼくたちはみんなで一緒にお昼を食べて、リリーおばさんは帰って、ドロルおねえちゃんはぼくの部屋で荷物を広げた。おねえちゃんがうちに泊まりに来るとぼくはいつも嬉しくて嬉しくて、ずっとそばで見てるんだ。おねえちゃんは字ばっかりの本と雑誌がぱんぱんに詰まったかばんを持ってきていた。パパが書斎に大切にしまっている『ベルリン絵入り新聞(Berliner Illustrierte Zeitung)』を読んだり。ぼくもおねえちゃんと一緒にのぞきこんで横からあれこれ質問した。汚したり破いたりしたらいけないからぼくは本には触っちゃいけないことになってて、ページをめくるのはおねえちゃんの役目だった。おねえちゃんは映画に出ている女優なら誰でも知っていた。いちばんの美人はマレーネ・ディートリッヒ。ときどきまねっこしてみせてくれたりもした。口紅をつけて、パパの帽子をかぶって、ちっちゃなジャケットを着て、ズボンははかずに下着だけ。そうして『私は全身、愛でできてるの（Ich bin von Kopf bis Fuß auf Liebe eingestellt）』を歌った。

ある日、おねえちゃんが「デュッセルドルフの吸血鬼」の記事を読んでくれた。そいつは町の子どもを毎晩殺してまわる悪いやつなんだ。あめ玉をあげるから、って子どもを連れて行くんだけど、しばらくするとその子の死体がどこかで発見される。もう一〇人くらい殺したんだって。刺された子もいるし、絞め殺された子もいる。なのに警察はどうしても捕まえられない。どんなやつなのかもわからない。デュッセルドルフに住んでいる人たちはお互いに犯人じゃないかと疑い合って、子どもを外に出さなくなった。ミュンヘンでは、とにかく子どもから目を離さないようにっていわれてる。ママはおねえちゃんを叱って、そんな話、信じちゃダメよ、って言った。でもぼく、知ってるんだ。新聞に書いてあることはみんな本当だし、おねえちゃんはぼくに嘘なんかつかないって。ぼくは、その吸血鬼がミュンヘンまで来たらどうしようと怖くなった。おねえちゃんは他にも乞食がうつっている写真をみせてくれたりもしたけど、この前うちにやってきた人たちはその中にはいないみたいだった。おねえちゃんは、ベルリンにはもっとたくさんいるよ、特に「黒い木曜日」の後すごく増えたの、と言った。ページをめくっていると、お向かいの、アドルフ・ヒトラーさんをみつけた。ぼくは、おねえちゃんに窓から向かいの建物をみせてあげた。

その週はずっと、おねえちゃんがいろんな雑誌の記事を読んでくれた。女優になって、アメリカに行って、ハリウッドに住むのが夢なの。おねえちゃんは好きな映画の話をしてくれた。ぼくと同じくらいのころは、チャップリンていう人がお気に入りだったんだって。そうして写真をみせてくれた。ぼくはヒトラーさんに似てると思った。おんなじような口ひげがあるし。写真の中のチャップリンは乞食の格好をしていた。ぼくと同い年くらいの男の子と写っている写真もあった。ハリウッドでは五歳でもう俳優、なんて子もいるの。ジャッキー・クーガンなんか、子役でまだ七歳なのに自分のパパやママよりお金持ちなんだから、とおねえちゃんが教えてくれた。それからミッキーマウスっていうコミックもみせてくれた。白黒のネズミなんだけど、町を自由に歩き回ったり映画に行ったりするんだ。その本はぜんぶがとってもカラフルなのに、ミッキーだけが白黒で、まるで描いた人が色を塗るのを忘れちゃったみたいだった。ぼくはママに、映画に連れてって、ってお願いした。ぼくもチャップリンがみたかった。ミッキーもみたかった。ママは、今度行きましょうねって約束してくれた。

＊

今日の朝、お散歩に出かけるときあの人の家の前を通った。おねえちゃんはドアにかかっている表札をわざと声に出して読んだ。「アドルフ・ヒトラー」。すると警備の人がおねえちゃんをじいっとみたので、ローズィがおねえちゃんの手をとって急かした。そうして離れたところまで来てから、あんなふうにじろじろみちゃダメでしょ、とささやいた。おねえちゃんは、別に法律違反したわけじゃないんだから、と平気な顔で、それからこうつけ加えた。

「それにさ、どうせあそこに書いてあるのは本当の名前じゃないでしょ。「ヒトラー」じゃなくて

「ヴィンター」ってなってたもの」

ぼくは子どもが大人に言い返すところを初めてみた。ローズィはなにも言わなかった。外は寒くて、その日も相変わらず雪が降っていた。通りをゆく人たちはみんな、転ばないようにゆっくり歩いていた。警備の人はまだこっちを見ている。ローズィは前へ向き直って、ぼくたちはみんな、また歩き出した。行き先はパパのいるフュルステンホーフというカフェで、通りの反対側に渡って、警備の人の目を気にしながらトラム〔路面電車〕を待った。だから路面のホームに沿って長く伸びた金属製のレールを滑り近づいてくる車輪の音が聞こえてきたときにはすごくほっとした。運転手さんが鐘を鳴らした。ぼくたちは後ろへ下がって、降りる人たちを先に通してから、トラムに乗りこんだ。トラムの中ではみんな煙草を吸っていて、ぎゅうぎゅう詰めで、おねえちゃんは木のベンチ席にすわろうとした。ローズィは怖い顔をして、座席は大人優先よ、と言った。ぼくたちはカフェの真ん前でトラムを降りた。そこのカフェはものすごく大きくて、ぼくは来るたびに踏みつぶされちゃいそうな気がして怖くなった。中では給仕さんたちがビールのジョッキをいっぱいに載せたお盆を頭に載せてかけずり回っていた。パパはお店の奥のほうの席にすわっていて、ベルトルトおじさんも一緒だった。おじさんは昔戦争に行った人で、本物の兵隊さんだ。パパはローズィに、少しその辺で休憩しておいで、と言ってから、ぼくたち用にいつものおやつを注文してくれた。ぼくもおねえちゃんも必ずおなじやつを頼むんだ。チョコレートアイスに生クリームとチョコソースがたっぷりかかったやつ。おねえちゃんはすぐに、ヒトラーさんのところの表札がうその名前になっていたことを話した。でもパパはとっくに知っていて、おじさんと議論を始めた。

「そうそう、そうなんだよ」とパパは言った。「あれは家政婦さんの名前なんだ。誰かが何かしに来たら怖いからだろう。腰抜けなのさ」

「ちょっと兄さん、彼も僕と同じく塹壕戦で闘った人間なのは知ってるだろう。そんなむやみにビクビクしたりするもんか。なにしろ女性にものすごい人気だからね、家にまで押し掛けて来られでもしたら困るだろうし。それだけのことさ」

「ああ、はいはい！　塹壕戦ね！　あの長ったらしいだけで中身のない『我が闘争』の中で延々愚痴ってるよな。ぼやいて、嘆いて、叫んで、吠えて。手のつけられない子どもみたいに地面を転げ回って駄々をこねている書き手の姿が透けて見えるような本だ。この地球上にあるものすべてを恨んででもいるんじゃないか？　フランス人に、将校連中に、自分の隊の伍長に、ユダヤ人に、ネズミに……。だいたいネズミといえばだよ、ユダヤ人をネズミ同然に思ってるんだあいつは。なにしろご高説によれば、ユダヤ教徒はみんな異形の種に他ならないそうでございますから。「下等な種」だってさ。いわば「害虫」みたいなものだ、って表現も出てくる。実に感じの良い御仁だ。なあそうだろう？　で、人はふつう害虫をどうするものだろうかね。あとはご想像にお任せするよ」

「いや、そりゃあヒトラーはどうしようもない奴だよ。でもさ、いまは世の中めちゃくちゃじゃないか。このままいくとドイツ人はどんな目に遭わされる？　僕たちはどうなる？　ドイツの未来は？　さすがにこのままなにもしないでいるわけにはいかないだろう！」

「おい、ヒトラーがどんなやつか、わかってるのか？」パパは譲らない。「ユダヤ人とこの地球すべてを憎んでる。あいつも、仲間の連中もみんなそうだ。気がふれていて、いつもなんにでも腹を立て、偏執的で、暴力的で、とにかく危険な奴だ。そうだ、リオン兄さんがあいつをテーマに書いた本がもうあと数日で出版されるんだけど、知ってるか？『成功』っていうタイトルで、ヒトラーみたいなクズがのしあがっていく話なんだ。いや、あれはおもしろいよ。主人公はとにかくなんでも片っ端からこき下ろすヒステリックな男として描かれていてね。もちろん、この前の『ユダヤ人ジュース』で既に、手段を選ばず天下を取った歴史上の人物たちが過去どんな風に大衆を煽動し、この国のユダヤ人たちを虐殺してきたかについては書いていたけどね。『我が闘争』をあれだけ徹底的にやりこめているのはあの本だけだ。でも今度の『成功』は前より露骨にヒトラーを風刺した内容になっているから、きっともっと話題になるぞ。あの冴えない画家が本当はどれだけ実体のない人間で、なにより、国と民を何百年も後退させるような危険人物かってことを、ヒトラーの支持者たちにわからせるのがリオン兄さんの狙いなんだ」

「ちょっと思い込みが激しすぎるんじゃないのかな、リオン兄さんは。いくらなんでも今はもう時代が違うんだ。みんな広く世界を見て回るようになった。ローマからパリまで一晩で行けるんだから。ヒトラーにしてからが洞窟で生まれ育ったわけでもあるまいに。ワーグナーを崇拝しているし、哲学書の類いだって随分読んでいるみたいだしさ。だいたい兄さん、若いころヒトラーとつき合いがあったんじゃなかったっけ？」

「つき合いがあった？　それは大げさもいいところだよ。その辺をふらふらしてるところはみかけたけどね。ちょっと行き合ったくらいのもんさ。話したこともない。カフェ・ステファニーでお茶を飲んでいたら、あいつの方からリオン兄さんとブレヒトに挨拶に来たんだ。まだ例の狂気を炸裂させる前、つまり一九二四年のクーデターより前の話だよ。あのクーデターの唯一の収穫はヒトラーが子分一六人を失い懲役五年に処せられたことだった。ところがたったの九カ月で仮釈放しちまったんだから、まったくひどい下手を打ったもんだ！　あの手の人間に発言権があるとでもいうのかね。知ってるか？　あいつは二度と政治活動には手を出さないって誓約してたんだぞ。判決の通りなら少なくとも去年までは出られなかったはずなのに。そうだよ、きちんと法律が適用されてさえいればいまごろあいつともあいつの党とも関わり合いにならずに済んでいたものをさ。今じゃずいぶん巧く立ち回るようになったよ。もう自分は前面に出ず、カーテンの向こうに身を隠して違法すれすれのところに留まっている。それに、明日にも一切合切を失って路頭に迷うんじゃないかと震えているプチ・ブルジョワ層を新たな標的に定めているくせに、自分もその一員のような振りまでしてるんだからな。あいつは一見するとごくありふれたブルジョワと同じにみえる。僕と、そして僕たちみんなと同じにみえる。同じような街に居を構え、同じような服装をして同じような音楽を聴く。でもそれもこれもみせかけに過ぎない。化けてるだけなんだよ。裏に回ればなにひとつ変わっちゃいない。子分たちも、やり口も、目的もね。ヒトラーは我々の隣人にして、しかし危険な男なんだ。最近じゃ自分のことを「ミュンヘンの王」なんて呼ばせてるの、知ってるかい？」

そこへ給仕さんがやってきた。白い口ひげを生やしたおじいさんで、ひげは顔中にもじゃもじゃとひろがって最後は鼻の下でつながっていた。片手で高々と掲げたお盆の上に見えるのは、つや消しガラスの中で揺れるぼくのアイス。パパはいったん話をやめて、おじいさんがテーブルの支度をするのを待った。おじいさんは人数分の食器とナプキンを並べると、脚つきのお盆をすえて、ぼくたちには待ちに待ったデザート、パパとおじさんの方にはあふれそうなジョッキをふたつ置いた。まだまだ他にもいろんなデザートやあわあわのビールグラスや使用済みの灰皿でいっぱいになっているお盆にパパがお金をすっと載せると、おじいさんは軽く頭を下げてお礼をしながら次のテーブルへ行ってしまった。おじさんが話の続きを始めた。

「ま、どうせヒトラーのやってる党なんて泡沫《ほうまつ》もいいところなんだから。選挙でぼろ負けするって」

「ほんとにそう思うか？　言っとくけど、毎日うちの建物の下をあいつに挨拶しながら通っていく連中の数は相当なもんだぜ。こう、片腕をピンと伸ばしてさ。まるでローマ皇帝を前にした剣闘士だよ。それに、うちの居間から見えるんだ。あの男がバルコニーで待ち構えてるのが。自分の前にひれ伏し、神様よろしくあがめ奉《たてまつ》るクズどもの姿を眺めて恍惚《こうこつ》としてる。あいつはこの地球上のあらゆる人間にトーガを着せて現代の奴隷に仕立て上げることだってやりかねない。むしろそれが理想なんだきっと！　あいつの一味もみんなそうさ。うちのすぐ裏手の食堂に集まっているのを毎晩のようにみかけるよ。きっと聖者ヒトラー様が仕損じたクーデターを讃えて殉死した一六人に乾杯してるんだろう。今度こそ天下を取ることを夢見てね。あいつらを見てると何世紀も前の世界に迷いこんだような錯覚を起こすよ。まるで部族兵だ。野蛮で残忍な奴らの群れさ。あのSAとかいう奴らときたら兵士のなり損ないみたいな出で立ちをして、あんなのがその辺をうろついていたんじゃ子どもや女性、年寄りは物騒でおちおち街も歩けない。ぐでんぐでんに酔っていることもしょっちゅうだし、そのうえ自分たちは純粋な血統の優等人種だなんてわめき散らすんだぞ。徒党を組まなきゃなんにもできないんだ。いつだって群れをなして、仲間とつるんで。もしもあいつらがイタリアのチンピラ仲間に続いて政権を取ったら、我々の甘っちょろい民主主義だのおきれいな共和政だのもその程度の代物《しろもの》だってことになる。あの残虐非道な人非人どもが好きなだけ肥え太るのを許してしまったんだから。そうだ、まさに虐殺なんだよ、あいつらがやろうとしているのは」

「もしもあいつらが政権を取ったら？」おじさんはびっくりしたみたいだった。「おいおいそれこそありえないよ！　前回の選挙だって三％にも満たない得票率だったのに。これだけ共和主義の発達した国であいつらに勝ち目なんてあるはずがないじゃないか。この前の戦争以来、この国の人間はみんな平和主義者か、闘わない兵士か、公務員か、左翼か、さもなきゃ共産主義者か、ともかく口を開けば「共和政」としか言わない連中ばっかりだ。ヴェルサイユ条約、それからニューヨークやロンドンやパリの銀行家のせいで起きた例の「黒い木曜日」で失業した何百万という労働者もみんなまとめて共和政様が食わせてくれるとでもいうのかね……。失業者はこの一年で一〇倍に膨れ上がって、その数いまや五〇〇万人だぞ。なのにこの国の政府ときたら、企業負担を削減して市民の社会保障費を引き下げることしか考えてない。その結果がどうだ！　いくらなんでもこれは兄さんのお向かいさんの仕業じゃないと思うけどね！」

「またその話か……」

「うん、まあ要するに僕が言いたかったのはさ、たとえヒトラーが権力の座に就いたとしても、今の政府を牛耳ってる能無しども、左翼にしても右翼にしてもそうだけど、あの腐りきった連中よりひどくはならないだろうってことだよ。もっとも、苦しむ一般市民を横目に私腹を肥やし続けてきた金持ち連中の巣窟にはちょっとばかしお灸を据えてやることになるだろうけど」

「それじゃ、ユダヤ人は？　ユダヤ人はどんな目に遭わされる？　ジプシーは？　共産主義者や、組合員や、その他あいつの主張に与《くみ》しない人たちは？　いったいどんな運命が待ち受けていると思う？」

「はったりだよ。口だけさ。若気の至りというか、刑務所の中で怒りにまかせて吐き出した言葉に過ぎない。だいたいそういう話はもう党の綱領からは外れているじゃないか。ねえ兄さん、ヴァイス・フェルドルっていう僕の友だち、覚えてるかい？」

「俳優の？　おまえ仲良いのか？」

「うん。一緒に従軍した仲だからね……。まあそれはともかく、あいつはヒトラーをよく知ってるんだよ。世の中で言われてるような人間とは似ても似つかないって言ってた。おまけに僕のこともヒトラーに話したんだって。自分の友人ベルトルトこそユダヤ人が卑怯者なんかじゃないという生きた証拠だ、ってね。ヒトラーも同意していたらしい。ま、「例外こそが規範を担保するのだ」とかなんとか言ってもいたそうだけど。それもご愛嬌だよ。エスプリが利いてるじゃないか。だからほら、とかくねじ曲げられて伝わっているってことさ。みんなフランス人やアメリカ人の言うことを鵜呑《うの》みにし過ぎなんだ。あとイギリス人とか。イタリアをみてみろよ。ムッソリーニ、あの統帥《ドゥーチェ》が政権を取ってもうすぐ一〇年になる。断言するけど、あそこの国はムッソリーニになってから前よりずっとうまくいってる。民主主義には弱点もあるんだ。とりわけ、民主主義自体を問い直そうとするものに片っ端からケチをつけるところとかね」

「それじゃおまえは、自分は大丈夫だって信じてるのか？　そもそも『我が闘争』は読んだのか？」

どこかでグラスの割れる音がした。給仕さんがお盆を落としたらしい。お客さんたちは手を叩いた。ぼくはあたりを見回した。お店の中は煙でもくもくしていて、おかげで目が痛かった。アイスがあんまりおいしくてグラスの中に顔をつっこむようにして食べてみたら、耳のまわりで自分の息の音ばかりがぼうぼう鳴った。

「いちおう買ったは買ったよ。すごい評判だし」おじさんは続けた。「けど、正直言って読んではいないかな。というかまあ、全部は読んでいなくて、数ページだけね。戦争について書いているところを」

「全部読まなきゃだめだ。おまえが思ってるよりずっとえげつない物言いをしてるんだから。ほんとだよ」

「まあそれはそうかもしれないけど……。でもさ、この国の有様をみてごらんよ。ああ、あのままもう少し闘えていたらなあ。あんな風に降参してなにもかも敵の手に渡しちまったせいで、いまじゃそいつらが我が国に入りこんで僕たちを食い物にしてやがる！」

「とにかく仕事をみつけろよ。それに奥さんもさ。それから……」

「やめてくれよ。なあ、ぼくは兄さんに生き方がどうのこうのなんて説教はしないだろ。そういう話は遠慮したいね……」

外は暗くなってきていた。ぼくには、パパたちの声は聞こえていたけど、なにを話しているのかはもう聴いていなかった。たくさんの声があたりでぼわんぼわんと響いていた。頭がおかしくなりそうなくらいうるさくて、お風呂で耳までもぐったときみたいな感じがした。グラスの音。椅子のガタガタという音。外で鳴っているクラクション。給仕さんを呼ぶ人たちの声。

「ビュルシはもうおねむかな？」

おじさんの声にぼくは飛び上がった。それからおじさんのおひざの上によじ登る。パパやママはよくおじさんのことを悪くいうけど、ぼくは優しくていい人だと思う。それに信じられないくらい勇気があるんだ。戦争に行ったんだもん！　やっぱりおじさんはすごいや。

「おじさんはヒトラーさんと知り合いなの？　塹壕で一緒に戦ったんでしょ？　素敵な人だった？」

「素敵？　おいおいなに言ってるんだい？　素敵じゃなくて敵の間違いだろう！　あんなやつ、ほんとはずっと戦場にでもいればよかったのさ。いいか、ビュルシ。よく聞けよ。君の家の向かいに住んでるあのおじさんは、みんなと同じふつうの人間のようにみえるかもしれないけど、あのおひげの下には悪魔が隠れてるんだ。それもとびきり卑怯なたちの悪いやつがね。だからパパの言う通りなんだよ」

パパはほほえんだ。そうしてお金を払って、みんな立ち上がった。お店を出るとローズィが待っていた。ぼくたちはおじさんにさよならのキスをして、家に帰った。

家の下まで来ると、みんなして向かいの建物を見上げた。窓辺にヒトラーさんの影が浮かび上がっていた。なんだかとってもちっちゃく感じた。ヒトラーさんはどこか、ずっと遠くをみていた。ぼくたちは黙って自分たちの家へと階段を昇った。

＊

今日は一日、いとこのベルンハイマーさんのところにお呼ばれ。ぼくの家までお迎えの車をよこしてくれた。パッカードっていうアメリカの車で、赤い車体に白いリムのタイヤ、ステップはサイド部分に沿って波みたいにせり上がってタイヤの上まで届いている。幌だけでうちの廊下くらいの長さがあって、メタルレースで出来たラジエーターの格子は窓みたいに高い。そうしてそのてっぺんには妖精が一匹、両うでを地平線へ向かって広げて、両手には輪っかを持って飛び立とうとしているようにみえる。フロントガラスは折りたたみ式。向かい風で車のスピードが落ちないようにすっごくちっちゃく作ってある。車体はなんだかゴンドラに似ていて、幌馬車みたいによじ登らないと乗れなかった。空のぜんぶが丸ごと車体に反射していた。クロムメッキされたヘッドライトはぜんぶで四つついていて、幅の広さは街灯並み。運転手はアメスメイヤーさんっていう人なんだけど、金ボタンのついた黒っぽい制服を着ている。帽子は車に合わせて、白い縁どりに赤い縫い目。ひさしは鏡みたいにぴっかぴかで、アメスメイヤーさんが握手をしようと右の手袋をはずしてきれいにたたみ、ぼくのほうへかがみこんだ拍子に、ひさしの中を雲が流れていくのがみえたくらい。ひさしの中でぐにゃっと曲がった雲たちは、ビニールの表面を水滴みたいにすべっていった。それから幌をはずしてくれて、気分は幌馬車の後部座席に陣取る王子様だった。続いてエンジンをかける。水が、それものすごい勢いで流れ落ちるような音。さあ出発進行だ。

ふとヒトラーのベンツが目に入って、なんだかいつもよりちっぽけにみえた。いまもあの窓のそばにいるのかな？　ヒトラーの住む建物はやがてみえなくなって、そのまま街を横断するように走る車の窓から、ぼくは外の様子をながめた。ベビーカーを押す女の人たち。ベンチにすわっているおじいさんおばあさん。縄とびをしている子どもたち。馬に乗ったおまわりさんたち。公園。冬が終わったばかりだからどの木もまだみんなはげ坊主のままだ。暖房が効いてきて、足のあたりがじんわり心地いい。タータンチェックのひざかけ一枚をみんなでかけてぴったりくっついているぼくたち。車の中には花瓶まであって、お花が生けてあった。幸せだなあ。ぼくはこれからもずっと、ずうっとこんな風に幸せでいられるんだ。ぜったいそうだよ。

アメスメイヤーさんがドアを開けてくれ、ぼくたちは車から降りた。うちではベルンハイマー家のことを「プライベート・ホテル」って呼んでる。だってほんとのホテルみたいなおもてなしをしてくれるから。玄関のベルを鳴らすと、まずは執事のひとがお出迎え。お次は燕尾服にねずみ色のズボンをはいた使用人が、みんなのコートを脱がせてくれて、ぼくが一度も入ったことのない部屋のほうへ持っていく。ぼくはそれがいつもちょっとだけ嫌だった。自分で脱げるのにな。でもどうしようもないんだ。いつもあっちのほうが早いんだもん。執事のひとはぼくを「エドガー氏」って呼んだ。

窓みたいに大きな絵がたくさん飾られた玄関ホールに入るともうそこに、いとこのイングリートが立ったままぼくを待っていた。赤くてつやつやした靴をはいて。さくらんぼみたいだなあ。ねずみ色のタイツに、レースの襟がついた赤いドレス、金色の髪に金色のバレッタをしたイングリートはぼくの手をとって、さっそく遊ぼうと歩き出す。イングリートの部屋だけでぼくのうちぜんぶとほとんど変わらないくらい広くて、豪華な家具がいっぱい。まるでミニチュアのお城にいるみたいだ。ベッドはお姫様ベッド、ドールハウスもびっくりするほどの大きさで、ぼくたちがすっぽり入れちゃう。ぼくたちはずっとその中にこもって、いろんなごっこ遊びをして過ごした。イングリートが女王様で、ぼくが騎士だったり。ぼくが魚屋さんでイングリートが近所の奥さんだったり。四時ごろになるとお腹が空いてきた。おやつの時間だ。庭のほうから家をぐるっと大回りして台所へ行ってみると、いろんなごちそうが銀色のお盆の上にきっちり並べられているのをみつけた。ぼくは牛の干し肉とマスタードのたっぷりかかったソーセージに夢中でかぶりついた。イングリートのお世話係をしている女の人がぼくたちにオレンジジュースと、グレナディン・シロップ(パリで売ってるやつ)を出してくれた。居間には、夏に湖で乗った小舟と同じくらいあるソファが置いてあって、熊の毛皮が何枚もかけてある。その奥でイングリートのママがグランドピアノを弾いていた。

ベルンハイマーさんの家にはちょくちょく遊びに来るんだ。クリスマスを一緒にお祝いしたこともあったっけ。そのときはぼくもちゃんと大人みたいに、タキシードを着てピカピカの靴をはいたんだよ。女の人たちはみんな羽根つきの帽子をかぶって、繻子《しゅす》の手袋をはめて。顔にふんわりかかった黒いネットの向こう側にはきちんとお化粧した目と、紅い唇と、きらきらした笑顔が光っていた。みんな自分で脱がずにお部屋つきお世話係の女の人たちに脱がせてもらって、お世話係の人たちはお客さんたちからの預かりものをそのまま大事そうに別の部屋へ運んでいく。狐やクロテンの毛皮で出来たコート。純金製の取っ手がついたステッキ。シルクハット。黒っぽいコートから色とりどりのコートまで。外にはすごい数の馬車や自動車がずらり。ぼくは大忙しで動き回っている人たちをじっと観察する。執事のおじさんが手袋をはめた手で馬車の扉を開けるたび、革の内張りがちらちら見える。赤いやつ。アーモンド色のやつ。ねずみ色のやつ。黒いやつ。クリーム色のやつ。白いやつ。居間ではオーケストラがおなじみの曲を演奏している。モーツァルトに、ベートーベンに、ヘンデルに、バッハに、それからもっと軽くて楽しいやつも。ジャズとか、フォックス・トロットとかね。おやすみなさい、をしてイングリートの部屋へ連れて行かれるまで、ぼくは大人たちが踊るのをずっと見ていた。腕や膝をからませながら、だんだん早くなっていく。音楽やダンスや大人たちの笑う声は部屋に行ってからもずっと聞こえていて、ぼくたちはヴァイオリンとピアノとクラリネットを子守唄にいつの間にか眠りこんでいた。

イングリートの家は自分のうちみたいに居心地がよかった。ここのほうがずっとずっと広いし、おもしろいものもいっぱいあるんだけどね。イングリートのパパたちは絵を集めていて、買ったり、展示したり、売ったりしているらしい。だからおじさんの書斎は――ローズィと一緒にイングリートに会いに行くとときどき中に入れてくれるんだけど――なんだか美術館みたいだった。寄せ木の床はスケートリンクみたいにつるつるのピカピカで、ぼくたちは思いっきり駆け出してすべっては、イングリートのパパがみせてくれたオランダの絵のまねをして遊んだ。その絵には、凍った海に囲まれた村とその海の上でスケートをしている人たちが描かれていて、イングリートと一緒に数えてみるとぜんぶでだいたい一〇〇人ぐらいいた。巨大な絵で埋め尽くされた廊下を全速力で駆け出し、すべった距離を測って遊ぶぼくたち。でも警備の人はイングリートのよく知っている人だったし、怒られたことはいっぺんもない。ただ、ぼくたちが絵を倒したり破いたりしやしないか心配して、もうすこし離れて遊んでくれるかな、と優しく言われるだけだった。

ぼくたちはいま、オーバーフェーリングにあるベルンハイマー家の別荘にいる。すっごく広くて大きくてお城みたいなところ。子どもだけだと敷地の中で迷子になるんじゃないかって大人たちがあまり心配するもんだから、馬小屋へ行くときも、野菜畑へ行くときも、温室へ行くときも、オレンジ園へ行くときも、迷路みたいなくねくね路を歩くときも、それからテニスコートへ行くときも、お世話係さんがぴったり後をついてきた。ここの別荘へ来ると近所の犬や猫に会えるし、まだ生まれたばっかりの赤ちゃん犬もいて、すっごくかわいいんだ。今年の夏のバカンスは、ベルンハイマーさんの別荘のあとも別のおうちへお呼ばれして過ごした。パパたちのお友だちで、名前はジーゲルさん。ジーゲルさんはお城も持ってないし、ミュンヘンにある方のおうちはベルンハイマーさんのおうちみたいに大きくないし、ヴァルヒェン湖の別荘は別荘っていうより小屋って感じなんだけど。湖のまわりを見渡すと、遠くのほうに並ぶピロティがひときわ目立っていて、時間になるとそこへ村の人たちがやって来ては、緑っぽい水面に浮かべた小舟の上で立ったまま、牡蠣用のいかだを引き上げていた。それから、囲いもないところに放されて目の前に広がる山々をながめながら草をはむはむする牛たち。でもそれよりなにより、ジーゲルさんのところにはベアーテっていうぼくと同い年の女の子がいるんだ。ベアーテとぼくは夏中ずっと一緒に過ごした。毎日毎日、お日様が沈むのを一緒にながめた。手をつないで。ふたりしてあんまり花占いばかりしていたせいでバカンスが終わるころにはマーガレットがなくなっちゃったくらい。お別れは悲しかったけど、でもまたすぐ会えるってわかってた。だってベアーテの家はうちのすぐそばだから。ヒトラーのアパート沿いにある広場をはさんで反対側だから。

バカンスから帰ってきて少し経つけど、うちではみんなずっと政治の話ばっかりしてる。リオンおじさんは新しい本を出版した。街中の本屋さんにおじさんの本が並んでいて、お散歩に出かけるとローズィがショーウィンドウを指さしては、ほらここにも、と教えてくれた。そのたびぼくは誇らしい気持ちになった。本屋さんの話だと『我が闘争』よりも売れてるみたい。ヒトラーの悪口を言ってる本だっていうのはぼくも知ってる。あの人が危ない人だってことも。パパもママも、おじいちゃんもおばあちゃんも、ベアーテのパパもママもおじいちゃんもおばあちゃんも、みんな言ってるんだから。あいつは嘘つきの泥棒だって。牛乳屋さんまで噂していたらしい。ローズィに、ヒトラーが街中の牛乳を独り占めしようとするもんだから他の人のぶんが少なくなって困ってるんですよ、って言ったんだって。ママはそれを聞いてすっごく怒ってた。まあパパは、牛乳屋さんの勘違いだろう、いち市民が近所の人たちのぶんの牛乳まで取り上げるなんてできっこないよ、って言うんだけどね。それに、どっちにしたってそんな何十人分もひとりで飲めるわけないじゃないか、もし本当にそんなことをしたんならいいニュースだぞ、死んじゃうだろうからね、ってさ。

で、その人がいま、ぼくたちの目の前にいる。アパートを出てすぐのところに。ぼくたちは立ち止まった。ローズィはぴくりとも動こうとしない。ぼくは、あれれ、あの傷、ひげ剃りに失敗したんだな、と思った。パパもときどきやっちゃうんだよな。それと、目が碧い。知らなかった。写真だとわからないもの。真っ黒かと思ってた。こんなに近くであの人を見るのは初めてだった。鼻の中に毛がもじゃもじゃ生えているのもみえた。耳の中にも少し。背は思っていたよりちっちゃい。パパのほうが大きいな。ローズィでもあの人よりは大きいや。通りかかった人たちも、ぼくらと同じく立ち止まる。あの人はぼくを見てる。目を伏せなきゃいけないんだ、きっと。でもできない。ぼくはあの人の顔をまじまじとみつめた。こういうときってにっこりしてみせないとダメなのかな？　なんだかんだいってご近所さんには違いないんだし！　ぼくが誰だかわかってるかな？　よく部屋から観察してることは知ってるかな？　向こうからはうちが見えてるのかな？　みんなでごはん食べてるところとか？　ぼくがユダヤ人だってことは？　できたらぼくのこと嫌ってほしくないな。パパのことも。ママのことも。いまぼく、周りの人たちから見られてるのかな？　あの人は車に乗りこんだ。夜みたいに暗い、黒い色をして、石みたいに角張った車に。

＊

ローズィと一緒に公園からの帰り道を急ぐ。ちっちゃな棒でフラフープをつついて転がしながら歩道を走って。家に着くとリオンおじさんが来ていた。ぼくはお腹がぺっこぺこ。もうおやつの時間だ。ローズィについて台所へ行って、手を洗ってもらい、ブリオッシュとココアをもらった。ブリオッシュをココアにつけるとおいしいんだ。あんまり溶け過ぎてぼろぼろになっちゃったときは、スプーンですくい集めて口の中で溶かすようにして楽しんだり。目をつぶって、ココアの香りをいっぱいに吸い込む。すねのあたりを風がなでていくのを感じる。裏手のバルコニーにある鳥かごで小鳥たちがピイピイ鳴いているのが聞こえる。ぼくの大好きな時間。ローズィはおもしろがって、エドガーは小さな美食家さんね、って笑う。それからブリオッシュのおかわりをくれて、ぼくはまたさっきと同じことを始めた。大人たちの話し声が聞こえる。ローズィが口のまわりを(ほらほらおひげが生えてるわよって言いながら)拭いてくれると、みんながなにを話しているのか気になったので居間へ行き、床の、お日様があたってぽかぽかしているところにすわった。ママはなんだか心配そうだった。パパは深刻な顔をしていた。リオンおじさんだけがずっと薄ら笑いを浮かべている。みんなしてテーブルの上に広げられた新聞をみつめていた。

「こういうことをするんだよ、あいつらは。虫唾《むしず》が走る」パパが言った。

新聞には、太った男の人の絵が載っていた。蝶ネクタイ姿に大きな鼻、眉毛は茂みみたいにわさわさしている。

「こんなの序の口だね」とおじさん。「ゲッベルス先生直々のご批判に目を通してくれたまえよ。この新聞の編集長にして、名高きお向かいさんと日常的に食卓をともにしている男だ。自分たちが政権を取った暁には僕に目にもの見せてくれる、と言ってる。これはつまりどういう意味だ？　奴はそこをはっきり言わない。おそらく合法的とは言い難い手段に訴えるつもりだからさ。公開リンチか？　暗殺か？　それとも拷問？　ナチが自分たちを毛嫌いしている人間に、つまり「最下等人種」にどんな責め苦を浴びせようというのか、こっちには知る術もないんだからな」

「いつかあの人たちが政権与党の座につくこともあり得るの？」ママが尋ねた。

「それはわからない」おじさんはため息まじりに答える。「ゲッベルスはまんまと国会議員になりおおせた。そのときあいつがなんて言ったか知ってるかい？　自分をはじめ全一二人のナチ議員は羊小屋に入りこんだ狼だ、ってさ。イタリアではファシストどもが権力の完全掌握に成功してみせた！　ドイツでも一カ月後の九月には選挙だけど、今回は得票数を伸ばすだろうって言われてる。二年前の選挙ではたったの三％だったからね。けどあれから、失業者の数は爆発的に増えたし、ウォールストリート発の「黒い木曜日」の影響はこの国でも未だ収まらない。ドイツの国内企業の売り上げはさっぱりで、流動資産はろくにない。銀行は貸し渋りするようになって、顧客のほうはひとりまたひとりと破産していく。みんな絶望してるんだよ。そこへいくとヒトラーの一味はまだ一度も政権を担当したことがないからね。すべての希望的観測を奴らの一身に託しているというわけだ。いってみれば、あいつらに任せれば世の中は良くなると信じている、あるいは期待している層がいるんだな。リーダーであるヒトラーがあれだけ自信たっぷりに言うんだからできるんだろう、と。そのうえ、悪者はもう特定済みときてる。そう、もちろんユダヤ人。古代ギリシアと変わらない。ローマ時代、中世、ルネサンス期だってそうだ。逆戻りしてるんだよ我々は」

「いくらなんでも大げさよ」とママ。

「いいや違うね。あいつらは本音と建前を使い分けてる。ぼくはあいつらの出版しているものも片っ端から読んでるよ。でもどれも同じだ。あれはもう強迫観念だな。口を開けばユダヤ人が、外国人が、銀行家が、ってさ。みんないなくなればより良い世界が訪れるというわけだ」

パパとママは投票へ出かけて——ぼくのことは連れて行ってくれなかった——しばらくしてから帰って来た。ふたりともご機嫌だった。

＊

次の日、朝ご飯のテーブルにつくと、みんな黙って新聞を読んでいた。ローズィも黙っていた。ぼくは、アドルフ・ヒトラーが勝ったの？ と尋ねた。ローズィは、いいえ、と言ってから、でも負けてもいないの、と答えた。ヒトラーの党は一八％も票を集めたらしい。ということは、通りを歩いている人のうち五人に一人はヒトラーに投票したって計算になって、ということは、うちの家族のなかの誰かひとりはヒトラーに投票したって計算になって、ということは、よその家族でも同じ計算になるんだって。ローズィはヒトラーに投票したの？ ぼくの言葉にローズィは悲しそうに肩をすくめた。私は共産党に入れたんだけど、そういう人は一〇人に一人しかいなかったの。ローズィは怒って言った。

「共産党はね、なんでもみんなで分け合いましょう、っていう考えかたで、平等の精神を大切にしているし、日曜日がお休みになったのも共産党が昔、労働者のためにがんばって闘ったからなの。それなのにみんなすっかり忘れちゃって！ いまじゃ、なにひとつ実績のないヒトラーのほうに入れるんだから」

ぼくは、大きくなったら共産党に投票しようと心に決めた。

1931

それまで名前にかろうじて聞き覚えはあれどドイツ国民の生活をかくも脅かす力を有しているなどとは夢にも思っていなかった二つの危険因子の存在を私がはっきりと認識したのは、まさにあの時代であった。その因子こそ、マルクス主義とユダヤ教である。

(『我が闘争』より。引き続きウィーン時代を回顧して)

その日は初めて歯医者さんのアーレント先生のところへ行く日だった。ぼくは早く行ってみたくて前から楽しみにしていた。だって、子どもの歯が何本も抜けて、しかも新しい歯まで生えてきたんだもん。今度の歯は大人の歯。ずっと抜けないやつなんだ。早く見せに行かなきゃ。

「もしも吸血鬼の歯だったりしたら大変だから、確かめてもらいに行くのよ」ローズィはぼくをからかって、「デュッセルドルフの吸血鬼」のまねをした。

ぼくとママは「ミュンヘンの王」が住む建物沿いの、プリンツレゲンテン広場沿いを歩いて行った。一緒に歌をうたいながら、少し前を走っていくぼく。水たまりをよけて、歩道の溝をたどって。すぐに歯医者さんのある建物の前に着いて、ママが入り口のドアを押した。ぼくがママにくっつくと、ママはぼくの頭の中がわかったみたいに髪をさわり、首をなでてくれた。やっぱり帰りたい。ひとつ上の階までのぼって呼び鈴を鳴らすとドアが開いて、白い服の女の人が出てきた。ママがぼくの名前を伝える。なんだか怖い感じのするその女の人は、待合室はあっちですとそっけなく言った。部屋に入ると他にも待っている人たちがいた。大きくてもこもこした毛皮のコートにすっぽり包まれた太った女の人が、コンパクトの鏡をみながらお化粧をしている。その人の目がぼくのほうに向くのを感じた。顔をじろじろながめて、それからまたコンパクトの中に戻っていく。そのとなりには黒い服を着たちっちゃな女の人がいて、みんなに聞こえるようにわざと大きめの声で言った。

「まったく、何様のつもりかしら?」

ヒトラーのことを言ってるんだな。絶対そうだ。パパが言ってたもの。パパとヒトラーの唯一の共通点は歯医者さんだ。この前、あの建物にあいつが入って行くのを見たよ、って。きっとすぐとなりの部屋で治療を受けてるんだ。診察室のドアがちょっとだけ開くと、みんな急に黙った。あんなに大きな声で喋っていたあの女の人まで。さっきの話はヒトラーに聞こえてたかな。ううん、診察室の壁は防音だろうからあの甲高《かんだか》い声でも届かなかったかも。ドアはしばらくそのままになっていた。歯医者さんの声が聞こえてくる。偉い人を相手にしているような話しかたで、患者のほうはドアの隙間から上着がちらっとみえるだけ。歯医者さんのしわしわの手をぼんやりながめていると、その手がノブをつかみ、ドアが一気に全開になった。みんなの目が、歯医者さんの顔と、白い上着と、小さな眼鏡とに集まった。それから、ヒトラー総統が出てきた。ちっちゃくて、あごひげを生やしていて、向かいに住んでいる人とはぜんぜん違っていた。大きな帽子をかぶって、髪の毛はパピヨットにしている。巻き髪にしてこめかみから垂らすやつだ。ヒトラーじゃないや……。

男の人は待合室の人たちに挨拶して、行ってしまった。ぼくは、きっと次はさっきの女の人だと思っていた。だけどぼくたちの番だった。歯医者さんはママの手にキスして、ぼくと握手して、中へ入れてくれた。診察机の前に置かれたひじかけ椅子にそれぞれ腰かける。ママがいろいろ質問されているあいだずっと、ぼくは腿《もも》にあたる革の擦《す》り切れた感じが気になっていた。歯医者さんは、ママが答えることを低くてざらざらした声でゆっくりと繰り返しながら、紙に書きつけていく。やりとりの合間に、ペンが音を立てて紙の上を滑る。歯医者さんの机はパパの書斎の机と似ていた。革の下敷きに、そこらじゅうに青い染みのついた吸い取り紙。黒インクの入った小さな壺。きらりと光るペーパーナイフ。長くて銀色のはさみには天井のシャンデリアが映りこんでいる。背の高い鏡のついた暖炉の上には置き時計があって、振り子のチクタクいう音が部屋に響いていた。通りからは車のエンジン音やクラクションが聞こえてくる。ぼくはついつい、自分のすわっているところとは反対側に置いてある、金属で出来た一本足の大きな椅子をじっと観察してしまった。ライトや、金属の機械や、鏡や、ケーブルや鉄の細長い棒がくっついている。

と、そのもっと奥の、薄暗い隅っこのほうにある革張りのドアが開いて、看護婦さんが入ってきた。白い上着にカロをかぶっている。なんだかディートリッヒみたいだなあ。ぼくが歯医者さんに言われてさっきの鉄の椅子にすわると、その人は椅子を倒しながら、仰向けになっていくぼくの顔をみてにっこりしてくれた。碧いまなこに、長くて黒いまつげ。看護婦さんの香水が部屋中に広がってきて、白い上着がぼくの顔にふんわりさわった。それからライトが点いて、電球のまわりでガラスがキラキラ光るの以外なんにもみえなくなった。あと、ライトでピンク色になった歯医者さんの顔と。歯医者さんはぼくに口を開けさせてから、なにか冷たいモノを差しこんできた。ちょっと歯に当たってるな。わ、指が唇を押してくるよう。ぼくはなんとか気をまぎらわそうと看護婦さんの顔をみた。看護婦さんはほほえんでいた。紅い唇がうっすら開いて、ほっぺたの、口のすぐ上のところには黒い点が描いてある。歯は雲みたいな色をしていた。ヒトラーはこの人のこと、美人だって思ったかな。

診察はあっという間に済んだ。どこも悪いところはないですよ、という歯医者さんの言葉もそこそこに、ぼくはママと通りへ飛び出した。帰り道、通りのあちこちで新聞屋さんが、デュッセルドルフの吸血鬼が捕まったよ、と声を張り上げていた。これで、またひとりで中庭へ遊びに行かせてもらえるよね。空を見上げると、飛行船が飛んでいた。飛行船は、赤い屋根をした建物の向こうに消えていった。ミュンヘン中に広がる赤い屋根の向こうに。ぼくはまた、看護婦さんのことを考えて、歯医者さんのことを考えて、それからヒトラーのことを考えた。

＊

台所では、ローズィが吸血鬼の記事を読んでいる。写真つきのやつ。犯人の名前はペーター・キュルテン。少なくとも一〇人は殺していて、うち大人は一人だけ。凶器は斧だって。家は貧乏、きょうだいが一二人。子どものころからクラスメートを二人も溺れ死にさせていたらしい。今度の事件では、刺したり首を絞めたりして殺したんだって。記事には犯人が組合活動家だったことまで書いてあって、組合活動家っていうのは工場で働く人たちの条件が少しでも良くなるように仲間を集めて闘う労働者のことよ、とローズィが説明してくれた。

「労働者階級と呼ばれる人たちの暮らしは、それはそれはひどいの」ローズィがつけ加えた。「夜中に仕事へ出かけて帰ってきたらごはんもろくに食べずに寝るだけの毎日。年をとることもままならず死んでしまうの。もしもパパがそういう仕事をしていたら、いまごろはもう死んじゃって、あなたはパパの顔もろくに知らない子になっていたかもしれない」

ぼくはよく、孤児院てどんな感じなんだろうって考える。ローズィがいうには、あの「黒い木曜日」が起きてからもうずっと、孤児院はどこもいっぱいらしい。お金のない人たちが育てられなくなった赤ちゃんを捨てにくるんだって。キュルテンは戦争の始まる直前に牢屋へ入れられて、おかげで戦地に行かなくて済んだ。そうして牢屋から出てきてすぐまた子どもを何人も絞め殺した。今度はきっと死刑になるはずだ。

新聞にはヒンデンブルク元帥の写真も載っていた。顔の輪郭にそって生えている羊毛みたいな口ひげに、勲章のじゃらじゃらついた服。切手にもなってるくらいの英雄だ。今までにフランスと二回戦争して、一回目の、一八七〇年のときは勝ってる。それに二回目の一九一四年から一九一八年の戦争だって、ちゃんと元帥の言う通りにしてれば勝てたはずなんだから。ベルトルトおじさんがそう言ってたもん。元帥が率いてきた数々の闘いにはいつももう一人、エーリヒ・ルーデンドルフっていうすごい参謀がついていて、二人一緒ならどんな敵にもぜったい負けない。だから二人には「ディオスクロイ」ってあだ名がついていた。「ディオスクロイ」っていうのはぼくも持ってるギリシア神話の本に出てくる双子の英雄・カストルとポリュデウケスのことね。おじさんはぼくに絵を何枚もみせてくれた。色つきの、なにかの雑誌に載っていたやつで、元帥とルーデンドルフの二人がドイツの尖頭帽をかぶって町を歩いている絵。大きなテーブルに軍用地図を広げて作戦を練っている様子を描いた絵もあった。

「あの二人がいたころのドイツ軍は世界最強だったのさ」とおじさん。

でもローズィの意見は違っていた。

「あの人たちがいなければ戦争はもっと早くに終わっただろうし、亡くなる人だってもっと少なくて済んだんじゃないですか。だいたいルーデンドルフなんてヒトラーと五十歩百歩でしょ。どっちもナチなんだから！　ま、とはいえ、少なくともヒンデンブルクはずばり本質を言い当ててますよ。ヒトラーなんてせいぜい浮浪者上がりの伍長止まりに過ぎない、ってね」

ヒンデンブルク元帥は八三歳で、ドイツ共和国の大統領。といっても、大統領になったのはついこのあいだの話。戦争が終わって、引退して、田舎でのんびり暮らしていたところへ尋ねてきた昔の仲間から、表舞台に戻ってきてくれって頼まれたんだ。そのときはもう七七歳で、奥さんが死んじゃったばっかりですることもなかったみたい。ローズィは、元帥の胸像をいっぱい積んだトラックが通りを何台も行くのをみたらしい。そのうしろを男の人たちの集団が歌いながらついて歩いて、元帥が戻ってきたぞ、ヴァイマルの左翼どもにドイツ軍が目にもの見せてやる、って盛り上がっていたんだって。

ヴァイマル連合っていうのは、元帥たちがフランス人をやっつけるまで待てずにフランスと和平を結んだ人たちのこと。これも前におじさんから教わった。その人たちのせいでドイツはすっかり貧乏になっちゃって、おじさんみたいに戦争に行った人たちには仕事がぜんぜんなくなっちゃったんだよ。ぼくは得意になっておじさんはちっともわかってないってローズィに話した。なのに、ローズィは言う。

「あのね、ビュルシ。戦争が人を幸せにしたことはないの。それにヴァイマルは連合なんかじゃなくて共和政。民主主義っていって、国民ひとりひとりが投票できる制度なのよ。一九一八年以来、私たち女性でも投票できるんだから。ヴァイマル憲法のおかげで、今のドイツは世界的にみても進んだ国になったの」

そう話すローズィはなんだか涙をこらえているみたいだった。私の結婚するはずだった彼はね、ヴェルダンの塹壕から帰ってこなかったの。フランス兵に銃剣でお腹を裂かれて。ぼくはローズィのためにやり返してやりたいと思った。

「だめよ、ビュルシ」ローズィは答えた。「誰かの死を願うなんて、絶対にだめ。それに、そのフランス兵もやっぱり彼と同じくその戦場で死んだの。私はね、いつかお花を供えに行きたい。二人のために」

＊

「デュッセルドルフの吸血鬼」の裁判が終わった。首をはねられるらしい。よかった。誰かが死ぬようにお願いするのは、ほんとはいけないんだけどさ。ぼくはよく、吸血鬼にやられた人たちのことや、その家族のことを考えた。きっと泣いてるだろうな。毎日朝から晩まで。でもやっぱり、斧で首を斬られるところは見たくないや。通りに並ぶキオスクには、闇にうずくまる男の写真が貼り出されていた。もうすぐ始まる映画の宣伝だ。『M』っていう題で、デュッセルドルフの吸血鬼のお話なんだって。どうせぼくは観に行けないんだけどね。あなたにはまだ早いから、って言われるに決まってるよ。あーあ、大人だったらよかったのにな！

＊

今日のパパはお出かけしないで家にいる。ぼくはそのパパからある任務を託された。本を一冊、トーマス・マンさんに届けること。ぼく、ずっと行ってみたかったんだ。パパとママがよく話してくれていたから。トーマス・マンさんは大人向けのお話を書いている人で、お屋敷に住んでいる人で、お屋敷の中はすごいものでいっぱいなんだって。ものすごく大きなお屋敷に住んでいる人で、初めは紙にペンで書いて、次にその紙をうちのパパと同じお仕事をしている人に渡すと、その人が重くて立派な機械にかけて印刷して本にしてくれるんだ。

ローズィの後ろについて、うちのアパートの裏手の畑沿いに伸びている道を歩いていく。今朝は襟のついたセーラー服を着て、それっぽい上着に平らな帽子をかぶって水兵さんみたいなぼく。虫取り網も持たせてもらって。太陽はぎらぎら照りつけていた。でもローズィがちゃんと水筒に水をたっぷり入れて、グレナディン・シロップもちょっぴりたらしたやつを持ってきてくれていたからよかった。蝶々は飛んでいなかったけど、空は真っ青で、ぼくは遠くのほうを見ながら歩いていた。陽の光の中で踊るミツバチやハエたち。群れをなして飛んでゆく鳥たち。つまんないな。これならフラフープをもってくればよかった。

そのうちやっと、お屋敷の前に着いた。木のつたで覆われた壁に隠れるみたいにして建っている。ローズィが玄関ベルを鳴らすと男の人が出てきて扉を開けてくれた。この人はトーマス・マンさんじゃないな。ぼくはすぐわかった。だって制服を着てるもん。庭のほうへ案内されるぼくたち。ローズィはぼくたちが本を届けにきたことを伝えた。窓の向こうに男の人がいて、こっちを見ていた。ぺったり後ろになでつけた髪。片方の手は口ひげをなでていて、もう片方の手には煙草を持っている。外は暑くて、背中を汗が何滴もつたっていくのを感じた。中はきっと涼しいんだろうなあ！　ぼくはちゃんと自分で歩いてここまで来られたことが誇らしかった。手にはまだしっかりと本を握っていた。パパがきちんと紙で包んで、細いひもで結んで渡してくれた本。パパがよろしくって言ってました、って言うんだ。約束したんだから。きっとほめてくれるぞ。でも、係の男の人はぼくの手から本を取ってお礼を言っただけで、中には入れてくれなかった。そしてそのままぼくたちをまた入り口まで連れて行った。お屋敷は白い石の大きな階段や、お城にあるみたいな背の高い窓がいくつもあって、まるで夢の世界だった。建物の向こう側には子どもが何人かいて、シーソーで遊んでいた。その楽しそうな声が風に運ばれてこっちまで聞こえてくる。それに小川の流れる音。ミツバチがぶんぶん飛び回る音。どうしてぼくは入れてもらえないのかな？　ぼくは泣いちゃいたくなった。ローズィは、もう一回ベルを鳴らすことまではできなくて、ふたりして家に帰った。帰り道、ローズィはトーマス・マンさんがどんな人なのか話して聞かせてくれた。ドイツでもいちばんくらいに有名な作家なの。リオンおじさんと同じね。ふたりはお友だちなのよ。生きていくことの素晴らしさを描いた本とか、昔の子どもたちの様子を書いている本とか。昔っていうのはこの前の戦争が起こるよりも前のドイツね。そのころは、女の人はみんなヒラヒラのドレスを着て、お花のついた大きな帽子をかぶって、日傘を差して歩いていたのよ。それに、マンさんはノーベル文学賞をもらってるの。つまり、世界一の作家ってこと。

*

ローズィが新聞を読んで聞かせてくれる。昨日、一九三一年七月二日午前六時に、「デュッセルドルフの吸血鬼」はケルンの刑務所で首をはねられた。死刑執行人は結局、「ギロチン」なる道具を使用した。これは落下式の斧とでもいうべき道具で、レールがついており、そこにカミソリのような鋭い刃を取りつけて使うのである。かの吸血鬼が遺した最後の言葉は次の通りであった。「私の願いはただひとつ。この身体から流れ出す血の音を聞いてから死にたいものよ」。吸血鬼の頭には、はねられて籠《かご》の中に転がりこんだ後でもなにか聞こえたのかなあ。ぼくは気になってしかたなかった。ローズィは映画『M』を観に行ったので、今度はその話。身を寄せ合って闇社会を生きているギャングたちの様子とか、ギャングの社会のほうがブルジョワの暮らす世界よりもすばらしいと考えているところとか、ちょっと『三文オペラ』を思い出したわ。ぼくはあんまり聞きたくなくて、窓から外をみた。向かいの窓のカーテンが動いた。明日からは湖のそばにあるジーゲルさんのところでバカンスだ。ベアーテにも会える。

＊

パパと一緒にヨットで水の上をぐんぐん進む。ぼくは先頭にすわっていて、動いちゃダメって言われてるけど、ほんのちょっとだけ身を乗り出して、しましまで銀色に光るさざ波をながめている。太陽の光が細い糸を束ねたみたいになって真っ暗な水底まで入りこんでいく。マストを支えるケーブルに吹きつける風。船を追いかけて舳先に沿って水の下をついてくる魚たち。群れをなして、水滴みたいに水中をすいすいすべってく。パパは真っ白な服を着ていて、靴底のゴムの赤いところがワインレッドのセーターのVネックとよく合っていた。左手を舵板に置き、右手でヨットのへりをしっかりつかむようにして身体を後ろに傾けている。帆をぐっと張ると、船体が少しぐらっとして、パパはぼくを見てにっこりした。髪の毛が風でぺったんこだ。遠くに並ぶ家々が小さく見えて、農家の人たちが畑を耕したり、なにかの機械を牛二頭につないで引かせながら後ろから押したりしているのが見える。大きくなったらヨットの操縦士になって、海をスクーナーで航行して回るんだ。ますますふくらんでゆく三角帆。ほとんど横倒しになる船。突風にあおられてねずみ色の波をかすめる帆桁《ブーム》。ぼくはローズィの名前を呼んだ。ローズィがいないとさみしいな。

「ほらビュルシ！　しっかり受け取ってね！　いくわよ！」

浮き桟橋のところでぼくたちを待っていたママが、綱の先っぽを放ってくれる。ぼくの足に当たって落ちたそれを拾ってパパに渡すと、パパは八の字結びを作って船をつなぎ、ぼくたちは一緒に降りた。さあお昼ごはんだ。今日の前菜は卵のミモザ風、メインはマスで、デザートにはシャーベットがあるわよ、とママ。毎日うちのパパか、でなければベアーテのパパと船遊びをしたり、ベアーテとバッタを集めて飼ったり、蝶々を捕まえたりして過ごした。最後にはみんな放してやったけどね。

ぼくは家に帰るのも、また学校へ行くのもいやだった。だからしょっちゅうママにお願いした。ママとパパと、あとベアーテと一緒にずっとここにいたいよう。そういうときママは、あらあら、あなたは学校が大好きなはずでしょ、って言って笑って、ぼくが初めて学校に行った日の話をする。エドガーは初めてなのに怖がらなかったし、泣かなかったのよね。そう、他の子たちはみんなママと離れたくなくて泣いてたけど、ぼくは新しい世界が待っていると思うと不安なんかよりむしろわくわくしていた。担任のピッヒェルマン先生のことも覚えてる。先生があの歯医者さんと同じ白い上着を着ていたことも、クラスのみんなにヴァイオリンを弾いてくれたことも。先生のおかげで、読み書きができるようになったんだから。学校でのぼくのいちばんの仲良しはラルフ。ラルフは大人みたいな話し方をするんだ。日曜日にラルフがうちに遊びに来ると、ぼくたちはミニカーで遊んだり『エーミールと探偵たち』ごっこをしたりして過ごす。この本の主人公はエーミールっていう小さな男の子で、汽車での旅の途中、寝ているあいだにお金を盗まれちゃうんだけど、ベルリンで同い年くらいの子どものグループと仲良くなって泥棒を捕まえお金も取り返す、っていうお話。みんな大人よりも冴えてるし、ギャングよりも要領がいいんだ。

ラルフはとにかくすごい。毎日運転手さんが車で校門までお迎えに来るし、その黒い車――ベルンハイマーさんのところのと同じくらい長いやつ――の後ろの座席をひとりで占領して、窓ごしに「じゃあね」って言ってよこすんだから。

ぼくはここから離れたくなくて、ずっと湖のそばにいたくて、でもやっぱりラルフにも早くまた会いたくてしょうがなかった。ママが荷造りを始めた。もうすぐ帰るんだ。

バカンスがあんまり長かったので、帰るころになるとぼくはもうローズィの顔がよく思い出せないくらいだった。ローズィは通りに出て、建物の前でぼくたちを待っていてくれた。でもぼくは最初わからなくて、誰か他の人かと思っちゃった。いつも通り、黒くて長いワンピースを着て白いエプロンをつけていたのに。ただし髪型は変わっていて、前より短くなっていた。ローズィはぼくをぎゅっとしてキスしてくれて、パパとママと握手して、それからみんなで上へあがった。パパとママは、近ごろ街の様子はどう、と尋ねた。

「どんどんひどくなってます。ここの建物の前にも毎日のようにデモ隊が押し寄せて！　今日はヒトラー万歳が聞こえたかと思えば、次の日は反対派の人たち。朝にはヒトラー支持者が右腕を高く伸ばして窓の下を行進していたのが、夜になると握りこぶしを突き上げた人たちがナチスを嘲《あざけ》りながら通って行くんですから。デモ隊同士のぶつかり合いも日に日に激しくなってきてますし。集まりがあるたびに何人も死者が出る始末ですよ。それに、デモがなければ物乞いが引きも切らずにやってきてはベルを鳴らして。選挙であんなことになってから、もう街中ピリピリしてます」

1932

私がユダヤ人という言葉を頻繁に耳にするようになったのは一四歳か一五歳になってからのことで、とりわけ政治談義の際によく聞かれた。そのたびうっすらとした嫌悪をもよおしたし、また、様々な信仰に関する論争に巻き込まれると、私の内に不快の念が沸き上がるのを感じずにはいられなかった。
あの当時はこの問題を別の位相から捉えることができていなかったのである。

(『我が闘争』より)

ローズィの部屋とぼくの部屋は隣同士。だからたまに夜でも遊びに行ったりしちゃう。並んでベッドに腰かけて。ぼくたちには秘密があった。ローズィがパパの本棚にあるいろんな本を読んでは、ぼくに話して聞かせてくれるんだ。ちゃんとぜんぶ詳しく説明してくれて、ぼくはそれをひとつ残らず覚えちゃう。パパもママもぼくにはまだ難しすぎると思って教えてくれないようないろんな話をね。もちろん政治の話だってする。ぼくたちは二人ともスパルタクス団員なのだ！　スパルタクス団っていうのは昔のコミュニストで、お金持ちの人も貧乏な人も同じように暮らせる世界を作ろうとした。ローマ時代に奴隷を解放した剣奴《けんど》スパルタクスから名前をもらったんだって。ローズィはぼくにだけ、秘密の話をいくつもしてくれた。たとえばローズィっていうのは、スパルタクス団のリーダーでローズィの憧れの女性であるローザ・ルクセンブルクと同じ名前だってこと。ベッドの下の隠し場所から取り出してみせてくれた新聞にはローザ・ルクセンブルクの写真も載っていた。ローザは戦争にも、王様が政治を行うことにも反対で、ドイツ人とフランス人が闘うのはよくないって思っていたの。人間はみんなきょうだいだって考えていたから。国と国との境目とか、王様とか、いろんな違いとかをぜんぶなくしたかったのね。でもドイツの皇帝ヴィルヘルム二世はローザのこの考えが気に入らなくて牢屋に入れた。それからフランスに宣戦布告して、ベルトルトおじさんはその戦争に行って闘って、ローズィのフィアンセは死んだ。ローザは牢屋から出てくると、革命の先頭に立って皇帝を権力の座にいられなくし、ついに戦争は終わった。その日はローズィが生きてきたなかでいちばん素晴らしい日だったんだって。だけど、それからしばらくして、戦争の続きをやりたがっていた皇帝の友だちや軍人たちにローザは殺された。ローズィは、自分がスパルタクス団員だという話を誰にもしなくなった。ぼく以外には。ぼくも剣奴スパルタクスになって、奴隷軍のリーダーになって、戦争したがりの奴らをこらしめてやれたらなあ。

＊

先週は、ものすごい数の人たちが家の前でデモをしていった。ローズィとぼくは部屋から見下ろすようにしてその様子をじっとみていた。ナチスの大群はうちのアパートとヒトラーのアパートのあいだの道に入りこんで、一日中そこから動かなかった。ＳＡの奴らは足並みがきれいに揃っていて本物の軍隊みたいだ。赤い腕章には白い輪っかがついていて、中には鉤十字が描かれている。みんなしてリーダーの部屋に向かって右腕をピンと伸ばし、力いっぱい「ハイル・ヒトラー！　ハイル・ヒトラー！」って叫んで、しかもそれをずっとずっと繰り返すから、窓という窓が太鼓の皮みたいにびりびり揺れる。ボビーおばさんと公爵もぼくたちのところへやってきて、いまにも壊れちゃいそうな窓の前で押し合いへし合いしながら下をのぞいた。「なんて乱暴なのかしら」とボビーおばさん。

「頭が悪いんですな」公爵がつけ加えた。

「まだ若いのよ。ほらご覧なさい。一五にもならないような子たちばっかり」おばさんは感心したようなびっくりしたような声を上げて続ける。「道ばたで怒鳴り声を上げてれば世の中が良くなるとでも思ってるのかしら！　ヴェルダンの戦いくらいじゃ懲りてないのね。なにがなんでも戦争に行って、それで自分のお父さんやおじさんたちみたいになりたいってわけ。殺し殺される栄誉に与《あずか》りたいって！　それにユダヤ人をあんなに悪く言って、ほんとうにろくなもんじゃないわ！」

「まったく下賤《げせん》きわまるね」そう言いながら、片眼鏡の位置を直す公爵。「こう言ってはなんだが、お嬢さんもお相手によく言い聞かせるべきではないのかな」

「それはだって、好きだっていうんですもの！　それにご存知でしょう。うちの娘、政治の話はからっきしで。だいたいあの彼にしてからがそうなのよ。ナチスとだって仕事の関係がなければつき合ったりしないでしょ」

「仕事の関係？」

「ええ。万一ヒトラーが政権を取ったら、工場をフル回転させなきゃ間に合わないだろうって。ヒトラーは武器や兵器の大量生産に踏み切りたくて手ぐすね引いてるらしいですから」
「そんなことにだけはならずに済むといいが」

*

今日のローズィはいつもより元気。朝から一緒に、このあいだとは違うデモ隊が家の前の通りを行くのを見てるんだ。デモ隊っていっても今日のは小川みたいにさらさら流れて、船の舳先から広がっていくさざ波みたい。今日の人たちはローズィのお友だちなんだって。あの人たちがいてくれれば、二度とヨーロッパに戦争なんて起きやしないわ、と誇らしげなローズィ。でもなんだかSAよりも数が少なくて、頼りない感じがするなあ。足並みも揃ってないし、着ている服もみんな緑だけど濃さがバラバラだし。デモ隊は通りの角を曲がると、ヒトラーのアパートの前で止まり、握りこぶしを空へ突き上げた。

今夜は、ローズィがいろんな新聞の記事を読んでくれた。目が真っ赤だった。泣いたからだ。パパは居間の窓辺と玄関のあいだをしきりに行ったり来たりしている。それから立ち止まると、目の前の机に広げられたいろんな新聞に目をやりながら、ママに言った。
「ヒンデンブルクのじいさんはヒトラーに勝った。一応はね。しかし得票率はたったの五三％だぞ！　わかるかい？　これがなにを意味するのか。いまや国会におけるナチスの議席数は二三〇。国内最大勢力に成り上がった。そして巷《ちまた》にあふれる失業者の数は六〇〇万人、つまり三人に一人は失業者って計算になる！　ヒンデンブルクはあいつを首相に任命せざるを得ないだろう。だってそうするより他にあるかい？　ドイツ国籍をもらってまだ一年にもならない男がさ、首相ですよ！　さあ、そうなったらみんながあいつに群がり始めるぞ。なにしろフリッツ・ティッセンがデュッセルドルフでも有数の実業家連中をヒトラーに紹介したらしい。あの男が不況の原因は民主主義だと吹聴すれば、連中はそれを真に受けるわけだ！　そしてその間にも、あの腐れＳＡの奴らが人殺しを働く。この前の七月一七日にもまた、罪もない少年たちを一六人も殺したんだぞ。ハンブルクの路上でね。それに、以前ドイツ帝国銀行《ライヒスバンク》の総裁を務めていたヒャルマール・シャハトがヒトラーの支持に回るって話だ。誰も彼もナチスならきっと経済をなんとかしてくれると信じ始めてる。ドイツを世界から孤立させ、国境を閉ざして戦争の準備を進めることがより良い世の中へ通じる道だとでもいうのかね」

「シャハト？　シャハトって、それ、あの人じゃない！」声をあげるママ。

ママはアルバムをめくり、一枚の記念写真をみつけだした。パパとママがどこかの建物の前でポーズをとっている。スイスのチューリッヒで撮った写真で、パパが招待されていた会議にその人もやっぱり招待されて来ていたんだって。パパは後列の右側、シャハトっていう人が真ん中。ママは前列左側で、奥さんグループと一緒に写っていた。

*

ママはオペラ座の前を通るたびに、今度連れて来てあげるから、って約束してくれていた。今日がついにその「今度」で、これから『ウィリアム・テル』のマチネ〔昼公演〕を観るんだ。マチネっていうのは、日曜日にやる子ども向けの回のこと。でも実際には、お芝居が始まるのは午後だし、子どももほとんどいなかった。そしてそこは、いままで見たこともないくらいきれいなところだった。壁も、座席も、床も赤いビロード張りで、金箔で飾ってある。恋人同士みたいなママとぼく。ぼくはきちんとスーツを着て、白いシャツにネクタイ、足には黒い革靴。あぁでも、ネルのズボンがすねにちくちくするよう。ママは緑色のすてきなドレス。ぼくが選んであげたやつだ。戦争でミボウジンになっちゃった女の人たちは黒い服を着ていて、塹壕戦で怪我をして身体が不自由になった兵隊さんもたくさんいた。その中のひとりは、足がなかった。休憩になったとき、他のお客さんはみんな立ち上がったのにその人だけ動かないので気がついた。上半身だけみるとふつうで、俳優さんみたいな立派な顔にすごくきちんと整えた口ひげ、髪もきれいに後ろへなでつけてあって、でもお腹のあたりから下はなにもなかった。バーへ行くと、手があるはずのところに鉤がついている男の人がいたし、休憩が終わって席に戻ろうとすると、入り口の扉を開けたまま後ろから来るぼくたちを待っていてくれた男の人は革の鼻をつけていた。それからお芝居の続きが始まり、歌が聞こえてきた。ママがときどきピアノで弾いてくれる曲もいくつか出てきて、ぼくは音楽にあやされるように眠りこんでしまった。その帰り、ぼくはママにこっそり打ち明けた。自分がどんなに幸せかって。そうして大好きな人たちの名前を思いつく順に並べた。もちろんアラベラの名前も。もうずっと会ってないけど。ママは、近いうちに必ず呼びましょうね、って約束してくれた。

*

最近、パパもママもヒトラーの話しかしない。夜になると、その日友だちや知り合いから聞いた情報を教え合っている。パパの友だちに、ヒトラーのことをよく知っているカール・シュミットという人がいて、難しい本を書く人なんだけど、パパはときどき家に呼んだりもしている。それに、しばらく来ないときは手紙のやりとりも。その手紙をよく朝ごはんのときに声に出して読み上げるんだ。政治がどうとかドイツが国としてどうとかいう話ばっかりで、ぼくはうんざりした。

今夜はパパと公爵が最近の出来事についてあれこれ話し合っている。黙っておとなしく聞いているぼく。

「あのシュライヒャーって男は首相としちゃそう悪くないですよ」パパが言う。「彼をあのポストにつけるとは、ヒンデンブルクも巧く立ち回ったもんです。これでナチスは一歩後退だ。今国会で、ナチスには魔法の力なんてないってことが世間にもわかるでしょう。一一月六日の選挙では二〇〇万票も失ったんですから。シュライヒャーはヒトラーに対抗してライバルのシュトラッサーを擁立してる。こうなると身内でいがみ合いだ。ヒトラーは首でも括る一歩手前ってところですな」

「しかし相変わらず訓練には余念がないようですよ。この前の一〇月一日にポツダムで開かれたヒトラー・ユーゲント〔ナチスの青少年組織。一九三六年には一五～一八歳男子の加入が強制に〕の全国大会じゃ、一〇万人以上もの子どもたちが揃いの制服に身を包んでヒトラーを讃える歌を捧げたんです。エルンスト・レーム率いるSAも夜の街を我が物顔で歩き回っていましたし。政治的な衝突でそこかしこで一〇〇人規模の殺人が起きてるって話もありますし。ヒンデンブルクのご老体はヒトラーを自宅に招くとか。あの空軍あがりのヘルマン・ゲーリング、あれもヒンデンブルクと近しくしているらしい。まったく、あんなチンピラが国会議長に任命されたかと思うと。それにお仲間のヨーゼフ・ゲッベルス、知識人をもって任ずるあの食わせものの青びょうたんはといえば、例の下劣きわまりない新聞『デア・アングリフ』の編集長様ですよ。あの男がなんて言ったかご存知ですか?「我々は羊小屋に入りこんだ狼である」だそうですよ。いやはやどうにも穏やかじゃありませんね!」

「しかしねえ、いまはもう一九三二年ですよ! 情報も教育も広く行き渡るようになった。独裁政治なんて誰も望まないはずです。大丈夫。私は、信じています」

ママから約束させられた。これからはぼくたち家族がユダヤ人なのは秘密にしておくこと、って。夜、ローズィの部屋に遊びに行くと、ユダヤ人っていうのは人種じゃなくてユダヤ教の教えを守って生きている人のことであって、そもそも親と同じ宗教の教えを守らなきゃいけないとか、なにか信仰をもたなきゃいけないとかいう決まりもないし、と繰り返し説明してくれた。人間は生まれつき、神様を信じるも信じないも自由なの。つまり、ユダヤ人として生きるかどうかも自由なのよ。そうして教えてくれた。ユダヤ人が何百年も前からずっといじめられてきたこと、自分たちの国を持つのも許されなかったこと、だけど他の人たちと同じ人間であって、それどころか、いじめられ続けても負けなかったぶん他の人たちより立派かもしれないこと。熱くなったローズィは、ユダヤ人であることが恥ずかしいなんて思ったらダメなんだから! と、ユダヤ人の偉い人の話を始めた。まずはなんといってもローズィのヒーロー、カール・マルクスから。マルクスがどんな人で、どんな風に生きたのか。それにローザ・ルクセンブルクの話も。あの人もユダヤ人なんだ。

「ヒトラーなんてデタラメばっかり。ユダヤ人はみんなコミュニストだなんて言いながら、一方ではユダヤ人が銀行を支配しているだのなんだのって。ドイツの銀行を経営してるのはほとんどがプロテスタントなのに！　それに、ユダヤ人はなにひとつ分かち合おうとしない、なんて言ってるけど、人と人とが富を分かち合うように誰より身を捧げたのはユダヤ教徒のカール・マルクスですからね。レフ・トロツキーだってユダヤ教徒の家庭で育ったのよ。ええとそれから、共産主義革命はユダヤ人の陰謀だとかわめいてたっけ。あいにくとソヴィエトの指導者スターリンはユダヤ人じゃないし、他の国の共産党のリーダーだってみんな違うわ。ドイツのエルンスト・テールマンも、フランスのモーリス・トレーズも。それにアルベルト・アインシュタイン。ドイツに生まれた史上最大の科学者を、おじいさんとおばあさんがユダヤ教徒だったからっていう理由で憎まなきゃならないわけ？　じゃあジークムント・フロイトも？　ほら、前に話したでしょう。言葉で病気を治しちゃうすごい人のこと。彼のおかげで夢というものにどういう意味があるのかわかるようになったし、人間はみんな自分では忘れたと思っていることでもぜんぶ記憶のなかにとってある、って発見したのもフロイトなの。そういう偉い人たちの本をお店で売れないようにして、すごい発見もぜんぶ台無しにしようなんて、まともな分別も教養もないもんだからありもしない陰謀だの闇の権力だのって話にとりつかれるのね、ヒトラーは。森には人食い鬼が棲《す》んでると信じてたバルバロイみたい。なにかというと殺し合ったり村を襲ったりするのよ。三〇〇〇年前のギリシア人のほうがヒトラーよりよっぽど賢いわ。いい？　ビユルシ。これだけは忘れないで。自分が自分であることを恥ずかしいなんて絶対に思っちゃダメだからね」

ローズィは『我が闘争』をぼくにみせた。ヒトラーが書いたっていうあの本だ。ヒトラーのすべてが詰まってる本。どのページにもたくさん線が引いてある。

「こんなに気分の悪い本を読んだのは生まれて初めて。でも心配しないでいいからね。私たちスパルタクス団が、あいつらに目にもの見せてやりましょう」

ぼくがぎゅっとくっつくと、ローズィはおでこにキスしてくれた。

＊

今日からゲベレシューレの新学期が始まる。ゲベレシューレっていうのはぼくが新しく通う学校のこと。ちゃんと友だちできるかなあ。ぜんぜんできなくてひとりぼっちになっちゃったらどうしよう。でもママが、ラルフもいるはずだから大丈夫って言ってくれた。今日の朝は小鳥の鳴く声で早く起きちゃったんだけど、ローズィが昨日のうちにぼくの持ち物を整理してたんすの上に並べて置いてくれていた。柳の枝で編んだ椅子の足下には新品のかばん。パパのと同じ型の、ひとまわり小さいやつだ。ぴかぴかで、顔を出し始めたお日様の光を反射させている。ぼくは窓から外を眺めた。警備の男の人がひとり、ヒトラーのベンツの前で煙草をふかしている。あれ、ラジエータグリルの真ん中にあんなライトついてたっけ。『オデュッセイア』に出てくるキュクロプスの目玉みたいだなあ。ローズィは、ヒトラーはきっと運転手にでも手伝ってもらって書いたのね、だからこんなにひどいんだわ、って言ってたけど、それっていまあそこで煙草を吸ってるあの人のことかな？

台所でココアを作ってくれている音がする。パンの焼けるいい匂いがドアの下の隙間からもぐりこんできたので、ぼくはそれをたどってローズィのところまで行った。

ママはゲベルシューレまで歩いて送ってくれた。門の前には子どもがたくさん、それぞれお母さんや家政婦さんに付き添われて待っていた。ラルフとラルフのママもいた。緑色のワンピースにハイヒールをはいて、薄紫色の帽子についた羽根飾りが唇の深い赤とよく合っている。ラルフのママは手袋をとってぼくのママと握手した。連れ立って二人から離れるぼくとラルフ。自分たちのグループのところへ行かなくちゃ。みんな校庭の奥にある扉の前で整列していた。ぼくたちは運良く同じクラスになることができた。ぼくは、革のかばんのもち手をぎゅうっと握りしめた。

担任の先生はフロイライン・ヴァイクルという人だった。すごく熱心で、よく笑って、机から机へとみんなを見て回り、黒板に絵を描いては消して、また描いてという調子だった。きれいな人で、ラルフよりもっと明るいブロンドの髪はほとんど白みたいにみえる。目は内側からライトで照らしているんじゃないかと思うほど真っ青。うちのママよりずっとずっと若いし、なんだかおねえちゃんみたい。ラルフとは隣の席にはならなかったけど、休み時間には一緒に遊んだし、帰りも門まで一緒に行った。するとおやつを持ったローズィが待っていてくれて、ラルフにキスしてから、ラルフがあのイギリスの車、ロールスロイスの後部座席に乗りこんで帰って行くのをぼくと一緒に見送った。

＊

今日は午後からラルフのお誕生日会。きちんと郵便で送られてきた招待状には、パーティーは一五時から一八時までです、と書いてあった。そしてきっかり一五時。お屋敷の、通りに面した大きな緑色の扉を前に立つぼくとローズィ。二人して中へ入る。砂利の上をぼくたちの足音が響く。お屋敷の周りには広くて花のいっぱい植えてある庭。背の高い栗の木が何本もあって、枝が上の階の窓を隠すくらいまで伸びていた。それから芝生にはテーブルがセットしてあって、真っ白なテーブルクロスをかけたそのうえにはタルトやケーキやフルーツジュースがお行儀よく並んでくいしんぼたちを待っている。追いかけっこをしている子たち。ぼくの知らない子ばっかりだ。ぼくはずっとローズィの手をしっかり握ったまま。少し進むと階段があって、建物の中へと続いていた。そのまま入っていくぼくたち。なんだかドキドキしてきたぼくはひたすら入り口の床だけをじっとみつめていた。大理石で出来ているみたい。黒と白の格子柄だ。居間の扉は開け放してあって、女の人がひとり、こっちに背中を向けて、グランドピアノでモーツァルトの曲を弾いていた。あ、メヌエットだ。これならぼくも間違えないで弾けるな。部屋の奥には古そうなハープが置きっぱなしになっていて、その脇にタペストリーがかかっている。そういえばラルフが前に話してくれたっけ。あの絵は、ナルシスが水に映った自分をのぞきこんでいまにも落ちそうになっているのを下草のほとりにいる妖精エコーがなんとか助けようとしているところなんだって。ラルフの家の居間をみていると、『サン・スーシのフルートコンサート』っていう映画に出てくるフリードリヒ大王の宮殿の大広間を思い出した。映画の最後、フリードリヒ大王の友だちがお父さんの命令で処刑されちゃうんだけど、ドロルおねえちゃんはあの映画がすごく好きなんだ。レナーテ・ミュラーっていう女優がディートリッヒと同じくらい美人なんだって。

と、ラルフが出てきた。握手しようと手を差し出したラルフに、いつものようにキスをするローズィ。それからラルフはぼくの肩に手を回し、自分のパパとママのところへ連れて行った。ふたりは居間の奥のほうに腰掛けていて、ラルフのおじいさんとおばあさんも一緒だった。おじいさんのほうはヒンデンブルク元帥に似ていて、おばあさんのほうは小さくてミイラみたいに痩せている。ラルフのママはぼくをみてにっこり微笑んでから、手を差し出して、敬語で挨拶してくれた。その隣にはパパ。戦争中はパイロットだったらしい。ラルフにいつかそのときの話を聞かせてもらう約束になっていた。

「ラルフ、パパたちにお友だちを紹介したまえ……。お名前をうかがっても？」

「エ、エドガーです……」

「お友だちに我が家での挨拶の作法を教えてあげなさい」

そう言われたラルフはパパの鼻先にキスをした。ぼくもまねして同じようにした。冷たかった。

そこで、

「ねえパパ、飛行機に乗って戦ったときの話をしてくださいませんか。エドガーに約束したんです」

ラルフパパはありとあらゆる冒険の話をかたっぱしから聞かせてくれた。初めて乗った飛行機を自分の手で整備したこと。郊外に持っている別荘の下の方にある畑を滑走路にして離陸したときの様子。実際の空中戦はどんな風か。おじさんはね、雲の上に隠れて逆光でみえなくなっている敵を遠くから発見する方法を思いついたんだ。七面鳥を一緒に飛行機に乗せて連れて行くんだよ。敵が近づいてくると鳴くからわかるんだ。敵の捕虜になったこともあったね。でもフランスの将校たちはみんな親切にしてくれて、しかもそこで幼なじみのロベールと再会してね。ロベールは食堂で夕食をごちそうしてくれた。おかげで太っちゃったし、フランス語も上達したよ。ラルフパパはフランスのことも教えてくれた。どんな国なのか。どんな料理があるのか。それから変な名前がついたいろんなデザートのことも。エクレール〔稲光〕とか、ルリジューズ〔修道女〕とか、ネーグル・オン・シュミーズ〔シャツを着た黒んぼ〕とか……。いまもよく仕事でフランスへ行くんだって。パリの街並みや、エッフェル塔や、ノートルダム寺院や、ルーブル美術館の話もしてくれて、いつかラルフとぼくを連れて行ってくれるって約束まで。寝台車かツェッペリン飛行船でね。それからぼくのパパはどんなことをしている人なのか聞かれた。ぼくのパパは編集者で、リオンおじさんは作家なんです、と答えると、ラルフパパはふたりとも知っているみたいだった。でも特になにも言わずにただ、本を読むのは好きですか、とだけ訊いた。ぼくは、大好きです、と答えた。するとラルフパパはラルフに、ほら聞いたかね、お友だちを見習いなさい、と言ってからフランスの作家の話をしてくれた。ラルフパパのお気に入りはプルーストで、若いころは友だちだったらしい。ぼくはその名前に覚えがあった。パパの話によく出てくるから。あと、ヴァルター・ベンヤミンっていう人も。ぼくはプルーストっていう人とベンヤミンっていう人はなにか関係あるんですか、と尋ねてみた。

「ほう！　エドガー君は博識ですね。確かに、あるといってもいいかもしれないな。プルーストは戦後間もなく亡くなっていますから二人は実際に会ったりはしていませんが、ベンヤミンは確かつい最近、プルーストの翻訳を出したばかりのはずです。フランツ・ヘッセルとの共訳でね。ラルフ、君ももう少し読書に興味を持たなくては」

ぼくは真っ赤になった。ラルフはラルフで、ちょっとムッとした顔をしていた。だからぼくは、いいえほんとはラルフのほうがずっと読書家なんです、とがんばって言い張った。

＊

今日は学校がないのでローズィに連れられて映画館へ。とっても広くて、椅子は赤いビロード張りだ。これから『制服の処女』っていうやつをみるんだ。今日のはなんと音の出る映画なんだって！　電気が消え、音楽が流れ出して館内いっぱいに広がるなか、スクリーンが動き出す。プロイセンにある寄宿学校で暮らす女の子たちのお話で、みんなドロルおねえちゃんと同い年くらい。でも変な話なんだ。ぼくはなんだか頭がこんがらかっちゃった。寄宿舎の建物は中心に大きな階段があって、どの階に行くにもその階段を使わないといけなくて、女の子たちはよくお互い踊り場の手すりごしにおしゃべりしてるんだけど、そこから下を見ると目眩がしそうなくらい高くて、主人公の女の子はお酒を飲む子で、女の先生に好きですって言って、階段の手すりを乗り越えて自殺しようとするの。でも気を失って倒れこんじゃったところを周りの人に身体をつかまれて落ちないで済むんだけど。それから女の子たちみんなで大騒ぎして、力を合わせて先生たちに「厳しすぎます」って抗議するの。

映画館からの帰り道、ぼくは思った。明日ラルフに会ったらぼくたちもあの映画みたいに力を合わせようって言ってみようっと。さあ、映画の次はパパと待ち合わせだ。カウフィンガー通りにあるフユルステンホーフへ行くんだ。パパはカフェの二階で、目にしみるほどの煙草の煙とおじさんたちのわいわい話す声にまみれていた。ここに来てウィンナーコーヒーを飲みながら外国の新聞を読むのがパパの日課だった。パパはテーブルに広げてあるいろんな新聞の記事を訳して聞かせてくれた。コッリエーレ・デッラ・セーラはイタリアの新聞、ル・トンはスイスで、タイムスはイギリス。端を木枠で綴じてある大きな紙面にぼくは、このあいだ家の前を通って行った行列の写真をみつけた。それからヒトラーと、あ、こっちはムッソリーニだ！　ぼくはローズィに教わった名前を思わず口に出して呼んだ。他にはスターリンと、日本の天皇のヒロヒトの顔もわかった。

「いいかいビュルシ、この写真の人たちのことをよく覚えておくんだよ」と、パパは言った。

＊

もうちびっこじゃないぞ。九歳になったんだもん。来年はきっと学校へだってひとりで行けるようになるよ。ぼくは毎日ラルフと一緒に遊んでいろんな話をした。今日の朝はあの映画の話。ぼくたちはある「協定」を交わした。それは、この先どんなことがあってもずっと友だちでいること。ラルフにはローズィとの秘密も打ち明けた。ラルフは絶対誰にも言わないって誓ってくれた。それに、自分もスパルタクス団に入りたいって。それから他のみんなも誘って一日じゅう奴隷の反乱ごっこをして遊んだ。あと、先生に指されて、前に出てゲーテの詩を暗唱した。今年はゲーテの死後一〇〇周年なんだ。でもローズィに手伝ってもらってちゃんと準備してきたから大丈夫。魔法使い見習いの男の子が主人公のお話で、ある日、魔法の先生が出かけて留守のあいだにぜったいやっちゃいけないっていわれてることをしちゃう。なにかっていうと、魔法の力を使って台所道具に命を吹きこんじゃって、だけど道具たちはすぐに男の子の言うことを聞かなくなってそこらじゅうめちゃくちゃにし始める。なんとかそれを止めようとして男の子は斧で道具たちを壊す決心をするんだけど、ぼくは斧というところからデュッセルドルフの吸血鬼を処刑したギロチン台を思い出した。それから、『サン・スーシのフルートコンサート』の中でやっぱり斧で処刑されたフリードリヒ大王の友だちのことも。暗唱を続けながら、ぼくはだんだん自分の口から出てくる言葉にうっとりし始めて、目の前に映像まで浮かんできた。そのうちパパの机の上に置いてあったトーマス・マンの本を思い出した。『マーリオと魔術師』っていうやつ。ローズィが話してくれたっけ。その魔術師っていうのは催眠術師なんだけど、実は独裁者ムッソリーニのことを指してるんだって。それに、ムッソリーニと同じでヒトラーも「催眠術の名人」なのよって、ローズィは言ってた。

先生がほめてくれて、その声にぼくはふっと我に返った。よくあるんだ、こういうの。そうして自分の席に戻った。ラルフがこっちをみていた。休み時間になると、校庭の隅っこで遊びながらラルフに『マーリオと魔術師』の話をして、ムッソリーニとヒトラーのことも話した。今度の日曜日にはまた選挙がある。家の中はその話でもちきりだった。ラルフの家でもよくヒトラーの話をしているらしい。ラルフは、ユダヤ人ってどんな感じ？　って聞いてきた。

「別にふつうだよ。ただ、みんながその話を始めるとちょっと恥ずかしいみたいな気持ちになるっていうか。でもそんなのおかしいってわかってるんだ。だっていろんな宗教があるうちのひとつっていうただそれだけなんだから。だいたいぼく、まだ自分がユダヤ教徒かもわからないもん。イエス様大好きだし。神様を信じてるかどうかもはっきりしないのに。っていうか、お気に入りの神様もみつけてないのにさ。ほら、古代ギリシアなんか何十人も神様がいたっていうだろ。でもやっぱり、スパルタクス団の闘士がいいな！　そうすれば神様もご主人様も関係ないし！」

「ぼくも。スパルタクス団がいい！　奴隷たちのために立ち上がるんだ！」

そしてラルフはぼくに自分の秘密を打ち明けた。うちのパパとママはね、ヒトラーに投票するんだってさ。

1933

ウィーンでは人口二〇〇万人のうちユダヤ人が二〇万人にも上るというのに、私は気づきもしなかった。到着して最初の数週間は、大量に襲いかかって来る新たな価値観や考えに目と精神がついていけていなかったからだ。

やがて少しずつ気持ちに余裕が生まれ、熱病に浮かされたようだった光景の数々がくっきりとした輪郭をみせ始めてようやく、自分を取り囲んでいる新たな世界をより注意深く観察してみようと考え始めたのであり、なかんずく、ユダヤ人問題に直面したのである。

（『我が闘争』より。ウィーンでの学生時代を回顧して）

その日はみんな家にいた。ママはピアノでヘンデルを弾きながら指の運びに合わせてハミングしていた。「サラバンド」っていうゆっくりで重々しい曲。それが終わると、次は前に連れ行ってくれたコンサートでエリー・ナイが弾いていた曲。エリー・ナイっていうのは世界でも何本の指に入るピアニストなんだ。ぼくみたいな年のお客さんはたぶん他にいなかったと思うけど、でもあのとき演奏していた曲は、モーツァルトの「トルコ行進曲」もベートーベンの「月光」も他のもちゃんとぜんぶわかった。それからママが代わってくれて、今度はぼくが弾いた。曲はヘンデルの「パッサカリア」っていうアリアで、上がったり、下がったり、早くなったりするやつ。エドガーは将来エドゥイン・フィッシャーみたいな名ピアニストになるわね、ってママが言った。ちょうど前の日、フィッシャーのコンサートを聴きに行ったばかりだったから。ママはぼくの髪を手ですいて、うなじのあたりをなでてくれていた。と、ドアが開いたかと思うとパパが顔を出し、だしぬけにこう言った。

「ヒトラーが首相に任命されたよ」

ぼくはピアノを引く手をちょっと止めて、それからまた弾き始めた。二人のやりとりを聞きながら。ローズィが寄ってきて、ボビーおばさんも公爵と一緒に降りてきた。ぼくはまた「パッサカリア」を弾き始めた。パパは、ついさっき外国にいるリオンおじさんと電話で話したところだと言った。おじさんは外交官の知り合いから、今はドイツに帰らないほうがいいと言われているらしい。ぼくはパパに、もう遅いからね、と部屋へ行かされて、ベッドの脇でメルクリン戦闘機の組み立ての続きをした。いまはもうきれいに出来上がって、部屋のチェストの上に置いてある。

二日前から大きな出来事がどんどん起きているらしい。それもおねえちゃんのいるベルリンで。パパの知り合いが編集長をやっている『ミュンヘン新報(*Münchner Neueste Nachrichten*)』にそう書いてあった。パパとママはぼくが聞いていても構わずにその話ばかりするようになった。

「ヒンデンブルクがゲーリングの内務大臣登用を許可したそうだ。ほら、あの粗暴な飛行機乗りだよ。そして就任するや否ややったことといえばデモの禁止と国内のあらゆる出版刊行物の統制だ。なに考えてるんだ！　まるで戦時中に逆戻りじゃないか！　それにあのレームっていう頭のおかしな男がやってる兵隊気取りの不良集団・ＳＡを補助警察組織として認めたとさ。秩序を守らせる役割をゴロツキが担うって、なんの冗談だよ！　なぜなんだ？　どうやっても現実とは思えない！　しかもあいつらが何人いるか知ってるかい？　三〇〇万人だ。そのうち五万人がいまや正規の警察官としてみなされるわけだ。去年だけで一〇〇人以上もの人を殺したあいつらがだぞ！」

「でもね、あなた、そういうめちゃくちゃはヒトラーの周囲が暴走しているだけとも考えられない？　じき収まるんじゃないかしら。通りでひとしきりはしゃぎまわってみせた後は、あの連中だって国の舵取りをしなきゃならない立場になるんだもの。先人たちと同じ課題や問題に取り組むことにもなるでしょう。棍棒を振り回せばなんでも解決、ってわけにはいかないんだから！　で、結局なにもかも元通りになったりして。ねえ、いざ首相に任命されたらヒトラーもおとなしく型にはまるんじゃない？　国際連盟から課されている規則にはきちんと従わなくちゃいけないだろうし。この前の戦争から生まれた原理原則を踏みつけにするようなことを他の国が黙ってさせておくとは思えないし。それはヒトラーだってよくわかってるんだから……。そんなに、みんなが言うほど好き勝手はできないでしょう！」

「そんなのできるに決まってるじゃないか！　あいつの周りはまともな教育も受けていない危険で異常なやつばっかりなんだぞ。しかもその筆頭がヒトラーなんだ。あいつの書いたあの分厚いチラシ束みたいな本、わざわざ端から端までぜんぶ読んでやったけどね、フロイトならヒステリー患者の妄言集とでも言うだろうな。偏執狂的で、世界に秩序をもたらす魔法の公式を発見したと思いこんでる。あらゆる物事に常軌を逸した解説をほどこして、しかも自分じゃそれが完全無欠の論理性に基づいていると思いこんでるんだから始末に負えない。そうしてそのおかしな論法を何ページにもわたって延々展開させて、自分のねじくれまがった精神から生まれた詐術に読者を巻き込もうっていう肚《はら》だ。言っとくけどあの本に論理なんてただのひとかけらもありゃしないからね。ぞっとするよ。あれは正真正銘、精神の錯乱した、誇大妄想に取り憑かれた人間の書いたものだ。自分でも不思議なんだけど、あれを読んでいるとあんまり異常過ぎて自然と笑いがもれてくるくらいさ」

「場合によっては、ドイツを出てどこかへ移住するとか?」

「ドイツを出る? そりゃナチの連中は大喜びだろうね。でもどこかってどこだい? 頼るあては? 移住ってことになればそこの国の労働ビザを取得しなくちゃならない。いくらなんでも、不法就労でいいからとにかくどこかよそへ、ってわけにはいかないからね! ただでさえ折からの経済恐慌で外国人はどこの国でも自国民から仕事を奪う泥棒扱いされていて、不法滞在者を追い出すことでなんとか極右の躍進を押さえこんでいるような状況だし。ムッソリーニ政権下のイタリアや内戦中のスペインから逃げ出した人たちみたいに、僕たちも不法滞在者になってしまうかもしれない。スペインなんか、共和政主義者とファシスト連中が街頭で衝突を繰り返してさ。内戦というのはね……それこそ最悪の状況だ……。うっかり国外へ出た日には高い代償を払うことになるよ。すべて失って、働き口もないまま貯金は数週間で底をつく。そうしたらどうやって暮らせばいい? それにビュルシは? やっと就学したばっかりだっていうのに、どこの学校へ通えばいいんだい? フランス? それともイギリス? フランス語も英語も一言だって話せないんだぞ……。あの子が難民キャンプみたいなところに何カ月も留め置かれるところを想像してごらんよ。家族全員、国籍を失って、周囲に張り巡らされた有刺鉄線を眺めながらひたすら書類が発行されるのを待ち続けるなんて考えられるかい？」

「アメリカはどう？」

「遠すぎる！　だいたいビザの出し渋りだってひどいもんだし。それにあそこの国じゃ、ちょっと休暇にきたみたいな顔して入りこんでそのまま住み着いちゃうようなことはできないよ。入国時も出国時も極めて管理が厳重で、それはもうややこしいんだ」

「じゃあパレスチナは？　ユダヤ人であそこに移住する人、多いみたいだし……」

「あのね、あそこは砂漠だよ。ベドウィンよろしく砂にまみれて暮らすことになる。それに、祖国に追い出されて自分たちの土地にやって来て住み着いたドイツ人たちがいる、なんてアラブ人が知ったらなんて言うと思う？　反ユダヤ主義者達はパレスチナでもご活躍さ！　夏は暑過ぎるし冬は寒過ぎるし。土を耕して、自分たちで農作物を育てて、鶏を飼って暮らしを立てなきゃならないんだよ。おしゃれやピアノやコンサートともお別れかもね。しかもそこまでしたところでいつかイギリスの保護下から独立を獲得できるという保証は一切無いときてる。よしんばできたところで、いったいいつまで保つことやら。砂漠の人々だって一触即発なんだ。隙あらば猫の額ほどの隣地に攻め入って自分の国の旗を立ててやろうとお互いに狙ってる」

「でも、わからないけど、とにかくなにか方法があるはずでしょう……」

「僕たち二人だけだったらね。だけど家族でとなると話は別だ。ぼくもあらゆる可能性を探ってみたよ。スイスとか、チェコスロヴァキアとか、オランダとか、とにかく片っ端から。でもどこも予算オーバーだ。だいたいどこへ行ったところでそこの国がファシズムに転ばないなんて誰にわかる？ここの次はあそこ、その次は、って具合にどんどんやられていってるじゃないか。イタリア、日本ときて今度はスペインだ。ファシスト達はだんだん増えて、そこいらじゅうに広がってる。フランスでも、アメリカでも……」

「それにしたってここほどじゃないでしょう。ナチは自分たちの思想に反対する人たちを閉じ込めるための収容所を建設するつもりだっていう噂よ」

「その件なら標的はユダヤ人じゃなくてコミュニストだよ。収容所というのは政治犯を入れるところだからね。そこは安心していい。とにかくいまは次の選挙を待つしかないよ。そろそろみんな奴らの専制にうんざりしてくるころだろう。誰だって平和を望んでる。自由に好きな新聞を読んだり、旅に出たり、散歩したりして過ごしていたいんだ。それに、三月五日の選挙ではナチスは過半数に達さないだろうって話だし。一転して大惨敗ってことだってあるかもしれないぞ！」

ぼくは自分の部屋で遊んでいた。ヒトラーの家の灯りはさいきんいつみても消えたままだ。首相になってから、向かいの建物の前にはいつも警備の人が何人か立っているようになった。クリスマスにもらったおもちゃでしばらく遊んだあと、ベッドの中でひとり、カール・マイの書いた物語を読んだ。カール・マイはサウジアラビアやイエメンを旅した冒険家だ。ぼくは遠くの国へ行ってみたいけどな。どうしてパパはうまくいかないなんていうのかな？　キャラバンの一員になってラクダにまたがり、列をなして砂漠を越えるんだ。シュロ林のオアシスを横目に。蜃気楼や砂のお城だってみえるかも。

ぼくはベドウィンみたいな格好で半月刀を片手にサラブレッドを駆って進んで行く自分の姿を想像した。そうして、さらさらの砂の丘で星空をながめながら眠るところを思い浮かべてうっとりした。

＊

ヒトラーが首相になってから四週間が過ぎて、もうあと五日もすると次の選挙。新しい国会議員を選ぶ日だ。リオンおじさんはとりあえずドイツには帰らず選挙の結果を待っていた。ナチスはきっと負けるとみんな言っていた。

今朝の『ミュンヘン新報』に、どこかの建物が燃えている写真が何枚も載っていた。燃えているのはなんと国会だった。

「ユダヤ人じゃなくてよかったよ」とパパが言った。

「どういうこと？」とママ。

「どうって、知らないの？　あの記事読まなかったのかい？　みんなその話で持ち切りだよ。放火犯を捕まえてみたら、これがマリヌス・ファン・デア・ルッベっていう二〇歳そこそこのオランダ人コミュニストでね。早速翌日にはヒトラーがそれに乗じてあらゆる自由主義的な法律の廃止を決めた。もちろん民主主義を守るためってのが表向きの理由だけどね。ドイツはコミュニストやテロリスト、外国人による脅威にさらされているんだとさ。で、この放火事件はこれから起きてくるであろう大規模蜂起の前触れだ、と。ヒンデンブルクはその日のうちに大統領令を発布したよ。「国民ならびに国家の保護のための大統領令」っていうんだ。新聞に概要が書いてあるから読んであげようか？〈当該大統領令第一条はヴァイマル共和政により保証されている市民の自由の大部分を一時的に停止するものである。個人の自由、表現の自由、結社の自由および公的な場における集会の自由、郵便ならびに電話におけるプライバシー保護権、住居ならびに私的財産保護権などがこれにあたる。第二条および三条は、平時であれば連邦州に帰属する特権のうちいくつかを政府へ委譲することを認める。さらに第四条および五条をもって、特定の犯罪を対象とした厳罰化を規定し、なかんずく公共の建築物を標的とした放火行為は死刑とする。なお、第六条により、当該大統領令は発布当日より発効するものと定める〉」

「でもそんなこと、議会の承認なしにできないはずでしょう？」

「ヒトラーのやつ、国会で一席ぶったんだ。そりゃ誰だって民主主義の敵であるテロリスト側に与《くみ》する人間だとみなされるのは嫌だからね。あいつが国歌をうたいだすと国会中が起立したそうだ。手練手管を心得てるんだな。それに善悪二元論を巧みに使う。つまり、自分の意見に反対するということはテロリストの味方に違いない、とこういうわけだ。そこへもってきて、ボリシェヴィキ革命の危機がすぐそこに迫っているのだ、なんて畳み掛けるんだから。もう逃れようがない。で、その結果、おまわりどもは早くも腕まくりしてコミュニストを引っ立てている最中さ。僕のところへ電話してきた友だちが何人もいるよ。エルンスト・テールマンまで逃亡中だっていうんだからね！」

「テールマンてあの、ドイツ共産党の党首の？ ついこのあいだの選挙であの人に投票した国民が六〇〇万人もいるのに……」

「どうせじき捕まるだろう。断言するけど、今回捕まったマリヌスって男がもしユダヤ人だったらいまごろドイツ中のシナゴーグは火の海で血の雨が降っていたところだ」
「つまりどういうこと?」
「つまりヴァイマル共和政も終わりってことだ。三日天下でね」

もう大人の話を聞いてるのは嫌になってきちゃった。ぜんぜんおもしろくないんだもん。学校でラルフと会うと、うちもそうだよって言ってた。ラルフももう聞きたくないって。ぼくたちは二人で戦争も国境もない世界を空想して遊んだ。みんなが校庭で戦争ごっこをして遊んでいるときでも、ぼくたちだけは離れて遊んだ。並んですわって、カール・マイの本を読んで過ごしたり。いつか二人だけで、パパやママにも内緒で旅に出るんだ。ぼくたちが旅先で偉くなって遠い国の珍しい品物をめいっぱい抱えた召使いを大勢引き連れて帰ってきたら、きっと二人ともびっくりして褒めてくれるだろうなあ……。でも、家に帰るとなんだかどんよりしていた。前は、帰るとパパが遊んでくれた。四つんばいになってお馬さんをしてくれて、それから逆にぼくの上に乗っかってくすぐったりしてきた。けど、最近はしてくれなくなった。それにすぐ怒るし。ママはいつも疲れた顔をして、たいへんとか、辛いとか言ってばかりいるようになった。

ただいま自分の部屋のドアの陰に隠れてスパイ活動中。ほんの少し空いた隙間からパパとママの姿が見える。二人はトーマス・マンの話をしていた。

「いまリオン兄さんと一緒にいるんだ、フランスで」

「南の方の、サナリーに？」

「うん。ナチスが兄さんの家に来たよ。土足でそこら中踏み荒らして、窓という窓を粉々に割って回って、本棚をひっくり返して、まるでフン族の襲撃だ。いまじゃ廃墟同然になってしまった。あれほど心を尽くして作り上げた可憐な空間が、そこに宿っていた詩情がいっぺんで消え失せた。トーマス・マンの家も同じ有様だ」

「なんてひどい！　でもどうしてトーマス・マンを？　あの人はユダヤ人でもコミュニストでもないでしょう、それなのに……」

「確かに違う。だけど彼は「堕落種」であって、あの気違いどもに言わせれば「退廃種」である我々とおなじくらい重篤な遺伝的異常なんだとさ」

*

パパとママにはあんまり夜出かけてほしくない。帰ってこなかったらどうしよう、とか、捕まってどこかの収容所に閉じ込められちゃったら、とか思って怖くなっちゃうから。ローズィが言ってたけど、応援してる共産党の党首エルンスト・テールマンが捕まって、その友だちもたくさん捕まったんだって。それで、ダッハウっていうミュンヘンからそんなに遠くないところで、バラックに入れられて暮らしてるんだって。

＊

いつも通りローズィが学校へ迎えに来てくれた。おやつを入れた籠《かご》を片手に。その日はお天気もよかったから、ぼくたちは公園へ行っておやつを食べた。それから少しならブランコで遊んでもいいって言われた。公園には兵隊さんがたくさんいて、数人ずつのグループに分かれて歩き回っていた。みんな鉤十字のついた腕章をしている。足音は規則正しくて、太鼓を叩いてるみたいな、それか鉄床に金槌を打ちつけてるみたいな感じだった。ブーツに踏みにじられる小石の音があたりに響く。その中の一人がしばらくこっちを見ていて、ローズィはその間ずっと目だけでぼくを追っていた。帰り道、ローズィはなんにもしゃべらなかった。家に着くとママはいたけど、宿題をやりなさいとも言わずに、エドガーの世話をお願いね、ってローズィに頼んだだけだった。そのままぜんぜんかまってもらえなくてもうベッドの中。ごはんのあとちょっとだけ遊びたかったのに、ダメって言われてさ。なんだかさっぱりわからないけど、今日はいつもとぜんぜん違うんだ。通りから車の音が聞こえてきた。門扉がガシャンと鳴った。パパとママが居間で話している声がする。

「あいつら、市庁舎の正面入り口にばかでかい鉤十字をとりつけた。まだ首相になってやっと一カ月だっていうのに、この町を自分の党一色に染め上げようっていうんだ」とパパの声。「どうなってるんだ。明らかに違法じゃないか。でもそれよりなにより恐ろしいことに、今後、ミュンヘンの警察はSS〔親衛隊〕の指揮下に入るっていうんだ。自前の警備隊の隊長であるヒムラーに全権を委任するようヒトラーが厳命したそうだ。そしてその新しい警察組織は公式に宣戦布告した。相手はコミュニストにマルキシストに……ユダヤ人だ。今日だけでも何人も捕まってる。集団で店舗に乗りこんで、そこいらじゅう荒し回って、従業員もオーナーもまとめて引っ立ててるらしい。悪い夢をみてるみたいだよ」

＊

今日も家の中はどんよりした空気。ママはぼくの宿題を手伝ってもくれなかった。ローズィに任せっきりで。いまはローズィと一緒に台所でおやつの時間。ママにほっておかれるのはもういやだ。ママのおひざの上にすわってピアノを弾きたいな。隣の部屋では、パパとママがベアーテ・ジーゲルの話をしてる。湖のほとりで一緒に蝶々を追いかけたり石で水切りをしたりして遊んだ、ぼくの幼なじみのベアーテ。

「……ウールフェルダーさんっていうのは、あそこのお客さんだったんだ」パパが言う。「昨日、ナチスがやってきて、店をめちゃめちゃにした挙句《あげく》ウールフェルダーさんを連れて行ったらしい。警察権力を握ったと思ったら早速これだよ。いまどこにいるのかもわからないって。それで、とにかく解放してもらおうと今朝ミヒャエルが警察へ行った。そうしたら、そのミヒャエルもそれっきり消息が知れなくなってしまった」

鼻先をココア用のボウルに突っこんで、自分の息の音を聞いてみる。それからミルクがいろんな色に染まっていくのをながめる。この膜のところは飲みたくないや。今日はいいお天気。ぼくのパパとママはちゃんとここにいる。よかった。もしかしたらあいつらはベアーテのパパを殺してしまうかもしれない。ローズィは黙っていた。

ぼくは宿題をして，お風呂に入って、ごはんを食べた。それからベッドで本を読んだり。外はまだ明るかった。その夜はひっきりなしに電話がかかってきた。居間からパパの声が聞こえてくる。話はベアーテのパパ、ジーゲルさんのことだ。

「……そうしたら、SAの連中がミヒャエルをどこか狭い部屋に連れて行った。奴ら、そこでミヒャエルをさんざん殴ったり蹴ったりして、歯が二本も折れたらしい。それからズボンをずたずたに引き裂いて、首にプラカードをかけて。そこにあいつらが書きつけた文句はこうだ。「私はユダヤ人でありますから、金輪際警察に不服を言ったりいたしません」。しかもその状態で通りに引きずり出して、裸足のまま一日中ミュンヘンの町を歩かせたんだ。まるで奴隷じゃないか。市場に並べられた家畜だの見せ物だのと同じ扱いだ。そこへ野次馬がたかってさ。で、こめかみに銃口を突きつけてみせてから、なんの説明もなしに解放したらしい。笑いながらね。ミヒャエルはなんとかタクシーを拾って家へ帰り着いたそうだ。今は寝こんでるよ。幸い命は無事だって」

＊

ママのお兄ちゃんが郵便で『イリュストラスィオン（*L'Illustration*）』っていうフランスの雑誌を送ってくれた。表紙は、通りで遊ぶイギリスの子どもたち。石蹴り遊びをしてるところっぽい。地面に白いペンキでなにか英語が書いてある。

「Boycott German Goods. Open Palestine.」

パパが訳してくれた。

「ドイツ製品をボイコットしろ。パレスチナを開放しろ」

それからパパは次々にいろんな記事をみせてくれた。軍隊の写真もあった。ドイツ国軍がベルリンのルストガルテンにある宮殿の中庭でパレードしている場面だ。記事には「砲兵中隊は大聖堂の前で礼砲を打ち鳴らした」と書いてあった。ぼくは大型車にセットされた大砲をながめた。

「これは共和政の終わりだよ、ビュルシ。よく見ておきなさい。絶対に忘れちゃいけない」

その次のページには、ポツダムの教会の中を写した大きな写真が載っていた。パパは記事を声に出して読み上げた。

「〈ここにヴァイマル共和国は崩壊し「第三帝国」が到来したのである〉」

見台を前に立つヒトラーの姿はまめつぶみたいに小さくて、でもぼくにはすぐわかった。前にすわっているのがヒンデンブルク元帥なのも。パパがキャプションを読み上げる。

「〈新国会の開会。三月二一日(日)、ポツダムはガルニゾン教会にて。写真右側は上流階級の賓客で埋められた貴賓席。写真奥は茶色のシャツに身を包んだヒトラー一派の議員達。第一列に中央党と人民党の議員達。写真中央に閣僚たち。演説を読み上げるヒトラー首相と、正面の席でこれを聞いている元帥服姿のヒンデンブルク大統領〉」

左側のページにはもっと小さな写真があり、ナチスの腕章をつけて敬礼を交わす兵士達が写っている。

「ほらごらん、これはベルリンのクロル歌劇場前だ。あいつらここに臨時の国会を設置したんだよ。

この写真はこっちの教会の写真の二日後、いまから二週間前に撮影されたんだな」

それからパパはママに向かって記事を読んで聞かせ始めた。ぜんぶはわからなかったけど、ぼくも聞いていた。パパがなにか読んでくれるときの声、やわらかくって好きなんだ。

「〈これまでの慣例に背く形で、最年長者にはほど遠いゲーリング議長が開会を宣言した。あらゆる反対派が不在という状況で、絶対的な権力が場を支配し、選出は極めて順調に滞りなく行われた。そして二日前に開会宣言がなされたその同じ閣僚席で、三月二三日、ヒトラー首相は政府声明を読み上げた。この長大な文書ではもはやナチス党首お得意の激した調子は鳴りを潜めていた。いずれにせよこうしていちいち「議会制民主主義による手続き」を踏んでいること自体、政府にあらゆる権利を認めることを目的としたある法案を提出するために他ならない。その法案とは、今日まで立法府に帰属してきた特権のすべてを行政府に委任するものである。当該特権には予算に関する立法権や、憲法を改訂する権利までも含まれる。ここに一国の大統領と議会との正常な関係性は抹消され、今後、法律の発布は首相によりなされることとなる。また国会は既に結論の出た議題の追認機関に過ぎなくなる。この特例的な体制の期限は四年、すなわち一九三七年四月一日までとされた。投票の結果、賛成四四一票に対し反対九四票で同法案は可決された。なお議員総数は五三五とされ、共産党員八三名は議事堂から閉め出され、約一二名の社会党員は獄中にあった。続いて、次回の国会開催は無期限延期となった。これにより、いまやヒトラー首相は一切の制約を受けずに独裁を行えるようになったのである〉」

また別の写真には、どこかの中庭を歩く男の人たちが写っていた。

「〈ベルリン県庁の中庭を散歩するドイツの政治犯たち〉」と読み上げるパパ。

「それで、ユダヤ人のことについてはなんにも書いてないの？」ママが尋ねる。

「いやいや、書いてあるよ。〈なお、反ユダヤ主義運動も引き続き展開されており、そのあまりの苛烈さから多くのユダヤ教徒、なかでもインテリ階層に属する人々はドイツを離れるべきではないかと考え始めている。また世界各地、とりわけアメリカやイギリスで信仰を同じくする人々が旗ふり役となった抵抗運動が組織されつつあり、今後大きな広がりをみせることが予想される〉」

「それだけ？」

「うん、それだけだね」

ママはがっかりしたみたいだった。それから新聞を手に取ると、なにか探すみたいに一枚ずつめくっていった。眼はまっ赤だった。やがて新聞を置くと、自分の部屋へ行ってしまった。

＊

ヒトラーがドイツのリーダーになってから、学校でもなんだかヴァイクル先生の様子が変わって、ヒトラーの話をたくさんするようになった。今週は新しいノートが配られて、毎日お絵描きの時間がある。ぼくは自分で描いた絵に色をつけるのが好きだった。筆入れの中にはきちんと並べられた鉛筆と色鉛筆とペン軸。ぼくはインク壺を机の端のくぼみに置いた。とにかく早く始めたくってたまらない。

「このノートはまるで生まれ変わった私たち、そして生まれ変わったドイツという国そのもののようですね」とヴァイクル先生が言った。

*

五月一日といえば今までは労働者のお祭りだった。ローズィは毎年この日になるとお友だちと集まって、ごちそうを小脇に抱えて通りをパレードして、夜はダンスでパーティーだった。楽隊の人たちがうきうきするような曲を次々に演奏して、カンテラに照らされた広場にはテーブルとベンチがいっぱいに並び、みんなお腹いっぱい食べたり飲んだりする。

そのお祭りが開かれなかったのは、今年が初めてだった。ヒトラーがお祭りの代わりに自分たちの党の式典にしちゃったから。ヴァイクル先生は、これからこの日は「怠け者や、国のためになにひとつ役に立たない人たちではなく、国を愛する本物の労働者のためのお祭りになるんですよ」って言った。それから、みんなでこのお祭りを題に絵を描くことになった。ぼくはかばんから新しいノートを出して、真ん中からめいっぱい開いて広げた。黒板をみると先生の描いたお手本があって、それを眺めていたらいいアイディアが浮かんだ。まずは、心をこめて、大きな金槌の絵を描く。これはコミュニストのマークなんだ。次にその金槌の真ん中に、「五月一日」と書き込む。そうしておいてから、上からおっきな鉤十字を描いた。鉤十字は最初に描いた金槌をすっかり覆ってしまった。最後に全体を色鉛筆で塗った。今まででいちばんうまく描けたな。ぼくは出来上がった絵をローズィにみせるのが怖くなった。ローズィが悲しい気持ちになったらどうしようと思った。まるでナチスがスパルタクス団との闘いに勝利したみたいにみえたから。

＊

学校では毎日書き取りとお絵描きの時間があった。ヴァイクル先生は、ぼくの字はクラスの中でもとくべつきれいな方だとほめてくれた。授業のときはゴシック体っていう先がくるくるカールしたような形のきちんとした字体で書かないといけないんだ。それから歴史と地理の授業もあって、戦争についてたくさん勉強した。かっこいい鷲の絵を描いて、ケルト十字を描いて、「一九一四―一九一八」と書き込むぼく。うん、本物のポスターみたいにできたぞ。他にはドイツの地図を描いたりもした。もちろんよその国に横取りされた地域も忘れずに書きこんだ。確かにドイツは戦争に負けた。でも四対二七の不公平な闘いで、敵はすごく卑怯だったんだ！　学校では毎日そんな話をした。クラス全員が自分のノートに大きな表を作って、祖国のために闘って怪我した人や死んだ人が家族に何人いるか数えたりもした。棒線が怪我した人で、十字架は死んだ人。マス目は三種類に分かれていて、それぞれパパ、おじさんたち、おじいちゃんたち。ぼくの表には「おじさんたち」のマスに棒線がひとつ。ベルトルトおじさんの分だ。ぼくは手を挙げて黒板のところへ行くと、みんなの前でおじさんの武勇伝を話した。何キロも行軍したときのこと、塹壕で闘ったときのこと。昼も夜も寝ずに闘ったり、すぐそばに砲弾が落ちてきたり、それで仲間が殺されたり。それから、あの戦争は本当は勝ってたはずだったっておじさんが言ってました、とつけ加えると、ヴァイクル先生がほほえみながら立ち上がった。先生はあんまりにこにこしすぎないように注意していたけど、いかにも感心したというように胸を張っていて、眼は潤んでいて、ぼくを褒めてくれた声は震えていた。ぼくのことを誇りに思ってくれているのが伝わってきて、ぼくも誇らしかった。

ぼく、この学校大好きだな。担任の先生は最高だし。ドロルおねえちゃんよりももっと美人で、ママとおんなじくらい優しくて、いつも親切にしてくれるんだ。先生をただながめてるのも好き。先生はぼくのこと、この子は特別って思ってくれてるんじゃないかなあ。ぼくがノートをとったり、図を貼りつけたり、絵に色をぬったりしていると、先生はぼくの後ろに来て肩越しにのぞきこむんだ。先生の息の音が聞こえる。すぐそばで先生の香水のにおいがして、ぼくのまわりをふわふわ漂って、ぼくはその中でうっとりしちゃう。先生は身体をかがめて、ぼくの手をとって、こういう風にすればもっときれいに書けるのよって教えてくれる。指にあたる手のひらがやわらかい。なんだか髪の毛までいいにおいがする。外はお日様が照っていて、ほっぺが熱くなった。ぼくはノートに写真を一枚貼りつけた。馬が一頭、兵隊さんのお墓の前でぽつんとしている写真。主人をなくしたその馬はいかにもさみしそうだった。ぼくは木製の定規で線を引いて、本物の絵の額縁に負けないくらいまっすぐできっかりとした黒い枠を作った。もしかしたらぼくのおじさんがこの兵隊さんみたいになっていたかもしれないんだ。ぼくは、戦争で死ぬのかな。

「あの戦争の後、ドイツは自分の国の軍隊を解体しなければなりませんでした。昔はフリゲート艦や三葉機まで持っていて、いちばん強い国だったのに……それなのに、ドイツは裏切られたのです」と先生。

ぼくは新聞から切り抜いた二枚の写真を、向かい合わせになるようにして左右のページに一枚ずつ貼った。一枚目はどこかの兵隊さんの銅像の写真。銅像の前には花束と、戦功十字章と、帯みたいに横長の布飾りが置かれていて、布飾りには家族や生き残った兵隊仲間たちからのお別れの言葉が刺繡されている。もう一方のページには、定規で線を引いて枠を作ってから、荒れ果てた畑に立っている十字架の写真を貼った。その十字架は人々から忘れられてしまった兵隊さんのお墓で、まるで広い野原で迷子になったたままみたいだった。遠くのほうに木が数本だけ生えていて、それがなんだか兵隊さんの隊列みたいにみえた。向かい合わせに貼られた二枚はどんよりしていた。雨の日の空と同じ灰色だった。ヴァイクル先生はぼくが写真をみつめているのに気づくと、片手で髪をすくようにしてなでてくれた。

「いいですか」と話し始める先生。「毎週毎週、ドイツの労働者が何百という車両に麦とか、石炭とか、他にも生活のためになくてはならない物資をいっぱい積みこんでいます。どれも我らがドイツでは足りなくて困っているものばかりなのに、その何百という車両はみんなフランスへ送られて、ただでさえ豊かな暮らしをしている敵のお腹をいっぱいにしているんです。ドイツの政治家は、戦争をやめるのとひきかえに今のような苦しい生活を受け容れなければなりませんでした。私たちがドイツを含めてたった四カ国だけで相手にしていた二七もの国はこんな不公平な条件を押しつけてきたのです。我らがドイツの兵隊さんたちがあんなに傷つき苦しみながらなんとかもう少しで最後の闘いに勝利しようとしていたまさにそのときにですよ、卑怯で欲張りで悪に染まった政治家たちが、自分たちは戦争から遠く離れた街中でぬくぬくと過ごしておきながら、降伏して、ドイツの英雄たちを背中から刺すようなことをしたのです」

ぼくの描いたいちばんの傑作は、日の出に鉤十字がはためいている絵。その隣のページには飛行機の前に立っているヒトラーの写真を貼った。背の高い女の子がヒトラーに花束を渡していて、僕と同い年くらいの男の子が横からそれを見ている。やさしく笑いかける感じで女の子のほうにかがみこんで話しているヒトラー。その様子を横からうらやましそうにじっとみつめている別の女の子。子どもの後ろにはママたち。みんな偉い人を見るときの目をしていて、校長先生が教室に来てみんなを褒めてくれたときのヴァイクル先生みたい。総統閣下の腕には鉤十字の腕章。ぼくは色鉛筆で鉤十字を二五個と、お日様がのぼるところの絵を描いた。

さいきん学校にいるときのほうが楽しいな。パパもママもイライラしてばっかりで、ほんのちょっとしたことですぐ怒られるし、ずっと政治の話ばっかりしてるし。友だちがうちに遊びに来ると、みんながいるあいだはにこにこしてるんだけど、帰るとすぐにいろいろ聞かれてさ。あの子とはどのくらい仲良くしてるの？　とか、信頼できる子なの？　とか。ぼくとラルフも学校で同じことを話し合った。クラスで本当に信頼できるのは誰と誰だろう？　意外に裏表のある子もいるからね！

＊

リオンおじさんはもう二度とドイツに帰ってこないと思う。ヒトラーがおじさんから国籍を取り上げて、ドイツ人じゃなくしてしまったから。それからおじさんの書いた本もぜんぶ焼かせてしまった。

兵隊がそこいらじゅうの本屋さんに入っていって、おじさんの本を抜き出して、積み上げて。あんまりものすごい数で、まるで丘みたいになった。そうしてその上からガソリンをかけて燃やした。でも、おじさんのほうはフランスで楽しく暮らしてるみたい。ホテルに泊まってて、近くには海もあって、トーマス・マンの家族も一緒なんだって。フランスの中の小ドイツってとこかな。前にラルフパパが話してくれたフランツ・ヘッセルっていう、プルーストをドイツ語に翻訳した人もそこにいるらしい。ママは、私たちも会いに行きたいわねえ、って言った。

＊

それから、ママのお兄ちゃんで、「黒い木曜日」のせいで湖の別荘を売らなきゃいけなくなっちゃったハインリヒおじさんもドイツから出て行った。いまはパリに住んでいる。

＊

もうすぐバカンスだ！　学校では、毎朝校庭に整列して、右腕だけぴんと伸ばしたまま国歌をうたわないといけなくなった。肩がしびれて痛くなった。でもラルフがいいやりかたを思いついたので、二人してみんなに教えた。前の子の肩に腕を置くんだ。もちろんヴァイクル先生が近くに来たらちゃんと直すんだけど、ぜんぜん気づいてないみたい。ニコニコ顔で見回りながら頭や肩をぽんぽんしてほめてくれるもんね。

＊

ハインリヒおじさんがバカンスにシャレー〔山小屋〕を使わせてくれることになった。時間って、学校以外のところにいるとどんどん過ぎていく。さっき起きたと思ったら一日があっという間に終わってもう寝なくちゃいけないんだもん。でもお日様が出ている時間は長くって、朝はお日様に起こされて、夜はお日様よりも前に寝るぼく。みんなで毎日釣りへ出かけて、夜は釣ってきたお魚をママが料理してくれた。パパに手伝ってもらってとびきり大きな小屋も建てた。葉っぱと小枝を編んで作った網をドアにして、葉っぱのわさわさついた枝を屋根にして。雨の日には雨つぶがあたってはじける音がした。そこにパパとママを招待しておやつをごちそうしたり。ぼくが自分でしぼったレモンジュースを出してあげたんだ。それから、みんなで近くの木の皮に名前の頭文字を彫った。石のナイフで。原始人みたいに。

＊

さて、バカンスも終わってまた学校が始まった。ぼくは久しぶりにまたクラスのみんなに会えて嬉しかった。校庭でお互いの日焼けをくらべっこしたら、ぼくがいちばん白かった。ラルフの肌はすごくくすんでいた。ラルフは金髪なんだけど、少しも日焼けしないんだ。ヴァイクル先生は、バカンスになにをしたかひとりずつ発表しましょう、と言った。ぼくは黒板の前に立って、釣り針にミミズをつけるときのやりかたと、干しくさの束のつくりかたをみんなに説明した。それから、湖で釣り上げた川ハゼっていう魚がどんな魚なのかも詳しく話したし、帆で風をつかまえるときのやりかたや三角帆の張りかた、ヨットが横だおしになってしまったときの立て直しかたを黒板に簡単な図も描いて説明した。でもあの話だけはしないでおいた。何度も思い出すあのときのこと。ラルフにだけ、誰にも言わないって誓ってもらってから話した、ほんとに秘密のこと。

その日、ぼくたちはそろってお昼ご飯を食べていた。するとシャレーのドアをノックする音がした。パパがドアを開けると兵隊が何人も入ってきた。ゲシュタポっていうやつだった。ぼくは連れて行かれちゃうのかと思って怖かった。ゲシュタポが全員の身分証をみせるように言ったので、ママが取りに行った。それからハインリヒ・ラインシュトローム(おじさんの名前だ)の書類はどこに隠してあるのかと言われた。びっくりして顔を見合わせるパパとママ。やつらはそんなふたりを押しのけてそこいらじゅうひっくり返して探し始めた。シャレーにある部屋という部屋をぜんぶ調べた。マットレスをひっくり返して、豆やお米やパテの入った瓶詰めの中身を空けて、しまいにジャムの瓶まで。引き出しや戸棚の中も。洋服も、畳んであるものは広げて、ジャケットやズボンは一枚いちまい裏返しにして。ママにもおじさんのことをいろいろ訊いてきた。ママは、自分はなんにも知らないこと、行き先も聞いていないこと、ただ、いないあいだはここを使っていいとだけ言われたことを話した。そんな状態が午後じゅう続いた。ママは少しでも雰囲気をやわらげようと、食べ物を用意してぼくに持って行くように言った。途中でサンドウィッチが落っこちてバターの塗ってある側が床についたけど、ぼくは黙ってそのまま戻しておいた。ゲシュタポのやつらはなんにも気がつかずにぜんぶたいらげた。ぼくは、やってやったぞ、と得意になった。それから、なかでもいちばん感じの悪いやつが大きな声で言った。「なんにもないな、このユダ公どものとこには。引き上げるぞ」。ゲシュタポは出て行った。パパもママもなにも言わなかった。ぼくたちは黙ったままご飯を食べ終えた。もう日が暮れかけていた。

＊

その日の休み時間は、みんな競ってトーマスを取り囲んだ。トーマスはクラスでいちばん成績のいい子で、隣の家にはヒトラーの専属カメラマンをしているホフマンさんっていう人が住んでいる。ときどき一緒に帰るぼくも、その家のことは知っていた。いちど、ホフマンさんが車で地下のガレージから出てくるところをみたことがあるんだけど、レーシングカーみたいにおしゃれなグレーのベンツに乗ってたっけ。まあそれはともかく、校庭にできた輪の中心になったトーマスは、ぼくこないだの日曜にヒトラーを見たんだ、と言った。うちなんか向かいだからしょっちゅう見かけるよ、とぼくが横から口を出すと、ぼくなんかすぐ近くで見たんだから、と大声で続けた。長椅子に寝そべって日光浴してたんだぞ。

「それで、気づかれなかった?」ラルフがたずねる。

「大丈夫、庭と庭の仕切りに沿って植え込みがあるから、そこに隠れて見てたんだ。向こうからは見えなかったはずだよ」とトーマス。

「うちのいとこが」と今度はまたぼく。「ヒトラーと仲良しの女の人が裸でいるところを見たんだって」。いとこはその人の家の向かいに住んでいるんだけど、いつ見ても窓辺で日光浴してるらしい。ちっちゃな犬と一緒に。名前は確か、エヴァ・ブラウン。

チャイムが鳴って、ぼくたちはみんな教室に戻った。

授業が始まると、ヴァイクル先生がまたヒトラーの話をした。ドイツは国際連盟っていう、戦争の後に世界中の国が参加して作った平和のための集まりから抜けるべき、というのがヒトラーの考えらしい。

「その集まりはわたしたちの敵が運営しているの。祖国ドイツの生き血をすすっている連中がね」

それから先生は、街中の壁に貼られている国民投票の呼びかけ文をぼくたちに読んで聞かせた。

「〈ドイツ人男性たる君よ、そしてドイツ人女性たる君よ、君は己が政府の方針に賛同するか？　そしてそれこそまさに君自身の見解と意思に他ならないと認め、謹んでその身を捧ぐ覚悟はあるのか？〉」

＊

今日はママと一緒にお出かけ。映画館の前を通りかかると、正面入り口に国民投票のポスターがでかでかと貼ってあった。ポスターの中ではヒトラーとヒンデンブルクがハリウッド・スターみたいにポーズをとっている。でも別にそういう映画をやっているわけじゃなくて、今日のここは投票所になってるんだ。入り口はすごいひとだかりで、そこへ男の人と女の人の二人連れが歩いてくると、カメラマンたちのグループがいっせいに駆け寄った。男の人のほうは背が低くて口ひげを生やしていて、なんとか人と人のあいだを通り抜けようとコマみたいにあっちこっちにくるくる向きを変えながら進んでいた。その腕につかまってちょこちょこ歩いている女の人は男の人よりも歳上っぽくて、全身黒っぽい服を着て、頭には植木鉢みたいな形の帽子をのせている。パシャパシャ光るフラッシュの中、ふたりは映画館の中へと入って行った。

テーブルの上に広げてあった新聞に、ぼくは映画館の前で見たあの二人連れが載っているのをみつけた。エルンスト・レームとそのお母さんだったらしい。レームっていうのは、街中をうようよしてるナチスの兵隊集団・ＳＡのリーダーだ。ヴァイクル先生が言ってたけど、ＳＡはいまや三〇〇万人もいるんだって。ぼくは新聞の見出しを読んでみた。〈九〇％以上の有権者がヒトラーの問いかけに賛意。ドイツは近く国際連盟を脱退へ〉

ぼくは祈った。ローズィのイエスさまがぼくたち家族を守ってくれますように。

1934

ウィーンに着いてしばらく経つと、この巨大な町の通りという通りをやみくもに歩き回るようなこともしなくなり、私の両の眼は建築物のみならず、人々をも注視するようになった。

ある日のこと、旧市街を通り抜けようとしていた折り突然、カールさせた黒髪に丈の長いカフタン姿の人物に出くわした。

あれもユダヤ人なのだろうか？ それが私の頭に最初に浮かんだ問いだった［……］私はその男性をこっそりと、慎重に検分してみた。ところが、その見慣れぬ顔を観察し、目鼻立ちの特徴ひとつひとつをじっくり見れば見るほど、先ほどの問いが頭の中で形を変えていった。あれもドイツ人なのだろうか？ と。

（『我が闘争』より。引き続きウィーンの青年時代を回顧して）


ヒトラーはミュンヘンをナチの本拠地にすると発表した。それとこれからは毎年、ドイツ芸術祭っていうお祭りをやるんだって。街中のアパートというアパートの管理人室に兵隊たちがやってきて、新しい決まりを知らせて行った。まあこれはうちの建物の管理人さんから聞いた話なんだけど。管理人さんはフンクっていう名前で、半地下の部屋に住んでいる。窓を開けるとちょうど目の前に外の通りを歩く人たちの足がくるくるくらい。ストッキングやハイヒールも見えたりする。ぼくは学校の帰りにときどきフンクのところへ寄った。フンクとローズィはとっても仲良しだから。まっすぐ家に帰っても誰もいないようなときなんかは、よくフンクのところで遊ぶんだ。食卓につくといつもオレンジエードをだしてくれて、ぼくはそれを飲みながらふたりのおしゃべりを聞く。フンクはローズィにとって、政治のことを最初に教えてくれた先生みたいな人。いつも、「ローズィ」ってのはローザ・ルクセンブルクに憧れてつけた偽名なんだろう、そうに決まってる、とか言ってる。けど、ローズィは正真正銘ローズィっていう名前なんだ。こういうの、事実は小説より奇なり、っていうんだよ！　ほんとにフンクっておかしいんだ。大人だけどすっごくちっちゃくて、ぼくとほとんど変わらないくらい。いつ見ても青い上着を着て、ここかと思えばもうあっち、と動き回って。アパートの入り口の扉を開けるといつの間にか後ろに立ってるし、学校から帰ってくるとバケツ片手に玄関ホールにいるし。階段にモップをかけて、一段いちだんにワックスを塗って、革製の手すりとそれから建物中のドアの把手をぜんぶぴかぴかに磨き上げて。ごみバケツを通りに出して、郵便物だって届けて回るし、新聞もフンクがまとめて受け取っておいて、はいお宅は○○新聞でしたね、って言いながら配るんだよ。それにいっつも冗談ばっかり言ってローズィをからかってる。あと、すっごく物知りで、いろいろ教えてくれるんだ。フンクの家の中はどこを見ても新聞の山。ふたりはよくヒトラーの話をした。フンクはヒトラーの暮らしや周りの人のこともなんでも知っていた。あそこに出入りしている車のメーカー、運転手や護衛の人たち全員の名前と階級。自分も戦争に行ったから軍のことにはとにかく詳しいんだ。将軍からはじまってそれぞれの階級、金筋、制服、サーベルや銃やそのほかいろんな武器、飛行機に軍艦まで、話しだしたら止まらない。SAなんてありゃおままごとみたいなもんだ、まともな武器もなけりゃちゃんとした訓練も受けちゃいない。世界最強はやっぱりフランス軍だろうねぇ。フンクの仕事部屋には机がひとつあって、鉛でできたいろんな軍や兵士たちの模型が並べてあった。フンクのお気に入りはナポレオン軍で、理由はいちばんかっこいいから。ぼくが好きなのは近衛兵。のっぽでふさふさした帽子をかぶってるやつ。なんだかサーカスの熊みたい。それから、あそこでの戦いはどうだったとか、同盟というものはとか、王国とか共和国とか皇帝とか王様とか女王様とか大統領とか内閣とかって話になってくると、ローズィは天井を見上げる。これは飽きてきたっていう合図。するとフンクはいったんお話をやめ、ココアとブリオッシュをぼくだけじゃなくローズィにもだしてくれて、おやつの時間になる。食べながらフンクは、ミュンヘンの全住民は窓辺にろうそくをともして一週間ずっと絶やさないようにしなくてはいけない、とナチスから命令が出たんだよと教えてくれた。そうして次の日にはもう、うちでもろうそくをつけた。近所の家もみんなやっていたし、それだけじゃなくて窓辺に国旗を立てたりバルコニーから軍旗を下げたりしていて、通りを歩く人たちはみんなはしゃいでいた。うちのパパとママはというと、実に趣味が悪い、って。

「どこかの気まぐれな王様が自分のお誕生日にばか騒ぎさせてるみたいなもんだ!」パパの声は怒っていた。

＊

昨日は夜中にびっくりして飛び起きちゃった。通りで太鼓をドンドン鳴らしているような音がずっと聞こえてた。ベッドの中にいるのに雷で身体がびりびり震えて、窓の格子には叩きつけるような雨。でも、もっとすごかったのは車のエンジン。大声で話している人たちの声。ガシャンガシャンと門を開け閉めしている音。わかった、あれはあの「サイドカー」っていうバイクのエンジン音だ。最近よくみかけるやつ。ふつうのバイクと違って脇に馬車の座席みたいなのがくっついてて、そのぶんタイヤの数もひとつ多いんだよね。それからぼくは頭を枕の下につっこんでまた眠ってしまった。そのとき何が起きていたのか知ったのは今日になってからだった。フンクとローズィがおやつを食べながら話してるのを聞いたんだ。この前、お母さんを連れて投票に来ていたあのレームをヒトラーが自分で逮捕しに行ったんだって。こりゃあいよいよ気をつけないと本当にまずいぞ、とフンクは言った。これからは共産党員だけじゃなくて、誰がやられるかわからない。なにしろ同じナチだってやられるんだからな！　それからぼくたちはおやつを終えて家へ帰った。

＊

どうしよう。なにかたいへんなことが起きてるみたい。公爵とボビーおばさんがうちに降りて来た。何も言わずにパパとママと四人で顔を見合わせている。家中カーテンを閉めてあるから、外は見えないし、外からもうちの中は見えない。ローズィは台所でぼくにスープを用意してくれて、でもドアが半開きになっていたから居間にいるパパたちの様子が見えた。パパも公爵も立ったままだ。指で口ひげをなでるパパ、片眼鏡の位置を直し、パパに煙草をすすめる公爵。公爵の差し出した小さなシガレットケースは銀と革で出来ていて、煙草は一本いっぽんきれいに並べられ、バネ仕掛けのちっちゃなピンで留めてあった。ママとボビーおばさんは椅子に腰をおろした。隣の部屋でひそひそ話を続けるパパたち。ぼくには「ヒトラーが」とか「ユダヤ人は」とか「どこかへ」とかいう言葉がとぎれとぎれに聴き取れただけだった。

日が暮れてきた。ランプはまだつけてないから家の中が薄暗い。スープ、飲んじゃいなさい。ローズィが言った。そうしてぼくの好きな具をたくさん追加してくれた。チーズと、カリカリの（でももうふにゃふにゃになっちゃった）クルトンと、おまけで特別にお砂糖をひとつまみ。食べ終わって居間におやすみなさいを言いに行くと、ママの目は真っ赤で、パパはキスしてもこっちを見てくれなくて、ぼくはそのままベッドに入った。ローズィはぼくが眠るまで歌をうたってくれた。

＊

今日もローズィとフンクの部屋へ遊びに来ちゃった。新聞を声に出して読み上げるフンク。「〈エルンスト・レームは対ヒトラーのクーデターを計画していた模様〉。〈自らが統率するSAに権力を与え、ドイツを我が物にしようと企んでいた疑い〉。〈大混乱の危機を回避〉。〈これは革命だ〉。〈大殺戮劇〉」

フンクはなにがあったかぜんぶ知っていた。さっきから部屋をほとんど飛び跳ねるみたいにして行ったり来たり。興奮してるみたい。ローズィに向かって早口でまくしたててる。

「ヒトラーは湖のほとりのホテルに奇襲をかけて、レームがどこかの男性とベッドにいたところを取り押さえたらしい。こりゃどう考えてもはめられたんだな、レームは」

「でもレームって、ナチだし、ヒトラーの側近中の側近だとばっかり思ってたけど……もうなにがなんだかさっぱりわからないわ」

「レームのやり方はヒトラーよりもっとずっと過激で急進的だったからね。粗暴というか。もっとも、ナチの仕打ちも負けず劣らず野蛮だけど。なんせ身内の権力争いで殺し合いをするんだから。レームは銃殺、それも部下達もろともだってさ。自決か処刑か選べと迫られたようだが、自分で自分の命を絶つだけの度胸はなかったんだな」

自分だったらどっちを選ぶだろう。ぼくには想像もつかなかった。ぼくたちは毎日、公園への行き帰りにレームの家の前を通った。なんだか家まで死んでしまったみたいにみえた。庭にはこの前の嵐のときに落ちて散らばった枝や葉っぱがそのまんまになっている。まるで家の幽霊だ。窓ガラスの向こうにいくつも並ぶ広い部屋は、日に日に空っぽになっていく感じがした。人ひとりの暮らしが、すっぽり抜け落ちてしまったようだった。

＊

最近は、ご飯のあとも部屋に残ってパパたちと一緒にいさせてもらえるようになった。パパたちのほうは、今日はこんなことをした、あんなことがあったと報告し合ったり、郵便物を開けたり、親戚の話をしたり。ぼくはぼくで学校の話をして、ふたりにノートをみせる。鉤十字にきれいに色塗りしたあの絵にも「みました」のサインをしてもらった。それから、ラルフが口をきいてくれなくなった話もした。はじめはとってもさみしかった。でもいまは、新しく別の友だちができたから。その子のおじさんはオペラ座でオーケストラの指揮をやってるんだって。ぼくも大きくなったらやってみたいんだよなあ。

朝は(いつもじゃないけど)ローズィと一緒にパパを仕事場まで送って行ったりすることもある。パパの仕事場は学校へ行く途中の道にあるんだ。ヒトラーの家の前を通って、オペラ座に沿って進んで、入り口の階段のところまで。「編集長、おはようございます」とあいさつしてくる人たち一人ひとりと握手しながら帽子を軽く持ち上げるパパ。何度も何度も同じ動きをするロボットみたいで見てると飽きない。それから、歯医者さんの向かいの、めちゃくちゃ大きな工事現場の脇を歩いて行く。ヒトラーの命令でドイツの芸術作品だけを集めた大きな美術館を建ててるらしい。設計を任された建築家が土台部分の石を積み始めているところの写真がこの前みた新聞に載っていた。

近ごろ、学校から帰ってくるとパパが家にいることが多くなってきた。うちにはパパの仲良しの作家の人たちがよく来ていて、お出迎えするのは学校に上がる前からずっとぼくの役目だった。パパは本物の英国紳士風のやりかたをちゃんと教えてくれた。まず、ドアを開けて、お帽子と傘をお預かりいたしましょう、って言う。コートを受け取るのはローズィ。それからお客さんたちはソファに腰掛けて煙草を吸う。レーニンそっくりのやぎひげ(フンクの家に写真があるから知ってるんだ)を得意そうにしごくヴェルナー・ゾンバルト〔経済学者・社会学者〕さんや、なにか偉い予言者みたいな格好のマルティン・ブーバー〔哲学者・神学者〕さん。ロベルト・ミヒェルス〔社会学者〕さんは決まって片方の手にだけ黒手袋をしていた。ただし、パパはお客さん同士がうちで顔を合わせないようにいつも気を配っていた。みんなそれぞれ考えかたの違う人たちだったから。ゾンバルトさんは「ナチスはドイツに富をもたらしてくれるはずだ」と言っていたし、ブーバーさんのほうは、もうドイツで働いてはいけないと言われて、パレスチナへ引っ越す予定だと話していた。その準備を進めながら聖書の新しい翻訳まで始めて、ママがいうには「人間の限界を超える挑戦」なんだって。ブーバーさんは真っ白でふさふさのおひげを生やしていて、確かにちょっと神様っぽくみえた。ただ、パパのお気に入りだったカール・シュミットさんはもうずっと前から顔をみせなくなっていた。シュミットさんが来たらいつも、ビスケットと紅茶をどうですかって聞いて、「イギリス風にミルクを泡立てて頼むよ」って言われるのがお決まりだったのに。ママは、ユダヤ人の編集者なんかと仲良くしていた自分が恥ずかしいとでも思ってるのかしらね、と言った。パパはなんにも答えなかった。

*

今年も湖バカンスの季節がやってきたけど、今回は列車で行くことになった。トランクの山を抱えて。中は人でいっぱいで、みんな革の座席にぎゅうぎゅう詰めですわっていた。ぼくたちのコンパートメントにはぼくたちのほかに家族連れがもう一組いた。向こうの家族はみんな金髪で、ぼくたち家族はみんな黒っぽい褐色。向こうはみんな黙っていて、ぼくたちもみんな黙っていた。でも、ぼくと同じくらいの歳の男の子がいて、ひざの上でビー玉の入った袋をいじって遊んでいた。ビー玉は見えなかったけど、じゃらじゃら、がちゃがちゃいう音がしたからわかった。ぼくもポケットから自分のビー玉袋を出した。で、結局そのうち一緒に遊び始めた。しましまの入ったやつとか、とくべつ大きなやつとか、いろいろ較《くら》べっこして、お互いに持っていないやつを交換したりもした。それからおやつも一緒に分け合って食べた。ぼくのりんごとその子のオレンジを、うちのママとその子のママが四つに切ってくれた。

それでもその子のパパのほうは相変わらず黙ったままでいた。しばらくしてうちのパパが読み終わった新聞を勧めると、向こうは煙草を一本差し出した。パパは、自分は吸わないので、と断ってから、「ここはお互い家族もいますし、よろしければあちらへ。おつき合いしますよ」とコンパートメントの外へ連れ出した。そこで、カール(っていう名前の子だった)とぼくは、二人をスパイすることに決めた。廊下の隅に隠れるぼくとカール。パパたちは窓枠に腕をかけるようにして寄りかかり、ひじの先が外に突き出ていて、髪の毛は前からくる風でぺったんこになっていた。と、そこへいきなり向こうから別の列車が来て、汽笛がピーッと鳴りながらすれ違う中、二人は慌ててぱっと後ろに身体をひいた。どっちも髪はくしゃくしゃ、パパなんか肩に灰までのっかっていた。カールとぼくは顔を見合わせてげらげら笑った。

駅に着くと、カールもカールのパパとママも、うちの荷物を降ろすのを手伝ってくれた。みんなして笑い声を上げながら、でもまだ終点の駅じゃなかったから大急ぎでぜんぶ降ろした。駅長さんが笛を吹くと機関車がそれにこたえてポーッと鳴り、ゆっくりと動き出して車両を引いて行った。窓から手を振っているカールたち家族を乗せたまま。

「わかっただろう。このぶんだと仲良くするより他になさそうだ」パパが言った。

「でも、あの人たちがユダヤ人じゃないなんてどうしてわかるの?」ママが尋ねる。

「彼が自分で言ってたからさ。ナチの党員なんだそうだ。じきにヒトラーがなにもかも解決してくれるってさ。ヒトラー個人は本来、ユダヤ人にとくべつ恨みがあるわけでもないのかもしれないけど、目障りだったレームが片づいたいま、SAのゴロツキどもをとりあえず自分の支配下に置こうと決めたんだろうって」

パパは駅の案内所へ行き、戻ってくると、近くの農家の人に馬車でペッキングのほうまで連れて行ってもらえることになったよ、と言った。それは辻馬車っぽい乗り物で、なめし革みたいに黒くてピカピカした顔のおじいさんが鳴らす鞭の音を聞きながらしばらく行くと、パパたちの借りた別荘に着いた。

この湖に来るのがぼくはとっても好きだった。みんなで毎日泳ぎに出かけた。最初は水が冷たくてなかなか入れないんだけど、だんだん慣れてくるとすこしずつ岸から離れて、数メートル先の、ヨットがたくさん浮かべてあるあたりまで行く。そういうときはパパとママが必ずそばについていてくれた。そっと水に入って、まっすぐ歩いていくママ。パパの入りかたはもっとゆっくりで、水に浸かったまま目の前いっぱいに広がる湖を眺めてしばらくじっと立っている。首に水が、パシャパシャと何度もかかる。ためらってでもいるみたいに進んで戻ってを何度か繰り返してから、準備ができたところで浅い方までいったん引き返すと、一気に、すうっと、気づけば水の中に消えていた。

パパとママのあいだにはさまれて泳ぐぼく。あたりにはバッタの鳴き声や波の音が聞こえている。ずいぶん遠くまで来たなあ。あっちに砂浜がみえる。家並みも。浮き桟橋のところで釣り糸に鉤をつけてる子たちがいる。たぶんぼくと同い年くらい。あ、あのテラスはときどき行くレストランのやつだな……。そうして、木々の向こうに立ち並ぶアルプスの山々がてっぺんに雪をかぶっているのまで見てとれた。

ある日、別荘まで歩いて帰る途中で、ちっちゃな乾物屋さんに入ったことがあった。お店の中はすごく暗くて、目が慣れるまで中の様子がわからなかったくらい。カウンターにはチーズやバター、パン、缶詰に瓶詰め、サラミ、それにあめ玉がいっぱいに詰まった壺がいくつも並んでいた。それから子どもが二人、付き添いっぽい大人の人と一緒にお菓子を選んでいて、やがてお金を払うと出て行った。ぼくはポケットにお小遣いを握りしめて、黒い服を着たお店の女の人に、あめ玉の詰め合わせをください、とお願いした。その人は顔じゅうしわくちゃ、しゃべるとしわがれ声がふるえていて、まるでミイラだった。それに地元の訛りもあった。きっとすごい歳なんだ。一〇〇歳とか。ひょっとしてルートヴィヒ二世やワーグナーにも会ったことがあるんじゃないかしらん。ナポレオンが死んだときのことも覚えていたりして。おばあさんは小さな袋に棒つきのキャンディーをいくつか選んで入れてくれた。ルッチャーとかケルニッシェン・ブルストボンボーンスとか。それにカンゾウの棒菓子も。外へ出るとお日様の光がまぶしかった。遠くのほうに、さっきの子たちが砂利道を歩いて行くのが見えた。入り口の脇にはさっきのおばあさんと夫婦ふたりでお店をやっているおじいさんが立っていて、パパと話をしていた。

「気の毒な子たちでねえ」おじいさんは言った。「あの子たちの親、ヒトラーに殺されたんですよ。レームがやられた例の事件のときにね。エトガー・ユリウス・ユングっていう人なんですが、夏はいつもここに来てました。ほれ、ヒトラーの前の前に首相をやってたフランツ・フォン・パーペンね、あの人が先月発表した反ナチの声明文があったでしょう、あれを書いたのがユングさんだからって。当のパーペン自身も危うく処刑されるところだったそうですわ……」

「それは確かに気の毒だ」パパも言葉を返した。

そのあと少ししてから、知らない人とあんな風に話すなんて不用心じゃないのとママが言った。

「そんな大げさな」ママを安心させようとやさしく答えるパパ。「あの店の主人は僕たちの味方だよ。君も知ってるだろう。あの詩人のオスカー・マリア・グラフのお兄さんなんだから。さっきも言ってたよ。〝ヒトラーが政権を獲ってこのかた、唯一の不満は弟の本を焼き払ってくれなかったことだ。名詩人のお墨つきがいただけなかったわけだからね〟とさ。いや傑作だね。そう思わないかい？」

ママはなんにも答えなかった。すねちゃったのかな。パパはそんなママを抱きしめると、みんなで別荘へ帰った。


ママは誰も信用しなくなっていった。外にいるときはいつもひそひそ声で話すし、ぼくにも、知らない人の前で話をしちゃいけません、って言うし。通りを歩いているだけで誰かがぼくたちのことをみているような気がした。それに、ぼくたちも、人のうわさ話は陰でこっそりするようにした。みんなただにこにこしてばかりで、ちゃんとした話なんかぜんぜんしていないはずなのに、お互いがどんな人でなにをしているのかは筒抜けだった。なんだか学校みたい。学校でもいやな子たちのグループといい子たちのグループとあるもの。たとえば、隣の別荘に来ている人はオーケストラの指揮者なんだけど、ナチなんだって。自分がいつも指揮をしているオペラ座にものすごく大きな鉤十字の飾りをつけたらしい。ママが言ってた。だからもうあのオペラ座には行かないわ、って。別荘の庭の前にある浮き桟橋を朝からその人が水着姿で歩いていくのをよくみかけた。いつも湖の真ん中あたりまで一気に泳いでいく。頭がちっちゃく、ほとんどみえないくらいちっちゃくなる。それからゆっくり戻ってくる。岸に上がってもすぐには身体を拭かない。そのままいろんな体操をして、最後は頭を地面にくっつけて、両脚を空に向かってまっすぐぴんと伸ばして、サンテントウリツっていうやつ。オーケストラの指揮者か。ぼくもなってみたいな。それに、湖の真ん中まで泳げるようになってみたい。

ゲルトルート・フォン・ル・フォール〔詩人〕は湖のほとりに大きな別荘を持っていて、毎日のようにお茶へ呼んでくれた。でもぼくはあの人に会うのがいつもちょっと怖かった。だって中世の女の人みたいな格好をしてるんだもの。ビロードの服を着て、顔じゅうにおしろいをぺたぺた塗ってるからあいさつのキスをしなきゃいけないのにむせそうになっちゃうし。唇は真っ赤でまぶたは緑で、しゃべるとドアがぎいぎいきしんでるみたいな声だしさ。それと、銀のスープ鉢にいつもあめ玉をたくさん入れてあって、ぼくが行くと必ずくれた。あんな女性は二人といないわ、とママはいつも褒めていたし、パパなんか、ドイツの女性作家としては屈指の人だ、カトリックの中でも随一の書き手といっていいかもしれない、って。ローマ法王もゲルトルートの大ファンらしい。ローズィがその話を聞いて目を回しそうになっていたっけ。

ゲルトルートはたいていてい家にいて、暖炉にあたりながらときどき火かき棒で火の世話をしていた。

ぼくは薪の下で赤くなる消し炭を眺めるのが好きで、ときどきそうっと息を吹きかけさせてもらった。そうすると薪は真っ赤になって、それからオレンジになって、最後に青っぽい黄色に変わると、そこから炎が、ちっちゃな悪魔が取っ組み合いしてるみたいに飛び出してくる。ぼくには小悪魔たちのとんがり頭やあっちこっちにめらめら伸び縮みする腕もみえた。鉤針みたいに曲がった指で、同じように消し炭から生まれた他の悪魔たちのゆらゆら踊る身体にしがみついていく。

ときどきゲルトルートが本を読んでくれることもあった。なんだかよくわからない詩とか、あとは自分の子どものころの思い出とか。昔は、ここの湖まで来るのに家族みんなで丸まる二日間も旅をしなくちゃいけなかったんだって。ミュンヘンから、牛の引く車に乗ってね。で、その後ろから何百枚ものドレスでぱんぱんに膨れ上がった衣装ケースを積んだプラウ〔鋤《すき》〕が何台も続くのよ。途中で停めて、原っぱでお昼ご飯を食べて、また出発して。大人が衣装ケースでベッドを作ってくれるもんだからよくその上で寝ていたわねえ。ビロードの天蓋カーテンみたいなやつまでつけてくれてね、その奥にこもってすやすや。あのころからビロードの服が大好きになったの。

ぼくもお返しにゲルトルートに本を読んであげた。いま読んでるお気に入りの『ロビンソン・クルーソー』の中から何ページか。あの計画のことも話した。いつかラルフと旅に出て、ラクダの背中にゆられながらサウジアラビアを回るんだ。新しい国だって作っちゃうかも。ロビンソン・クルーソーみたいにさ。でも、ラルフはもう遊んでくれなくなっちゃった。なんでかはわからない。ぼくはユダヤ人で、ラルフはプロテスタントだからなのかな。ゲルトルートもユダヤ人じゃないけど、でもちゃんとぼくの話を聞いてくれるのに。ローズィと同じカトリックだけどさ。ゲルトルートはイエスさまが好きで（それにイエスさまもユダヤ人だったんだよ）、ナチは嫌い。この前なんか、お昼ごはんのときにみんながヒトラーの話をしていたら、割って入ってピシャリと一言。

「食卓で政治の話はよしてちょうだい！」

ぼくがすっかり上の空になっていたことにゲルトルートは気づいていたみたい。こっちにウィンクしてくれた。

ロビンソン・クルーソーの冒険をいろいろ聞かせてあげながら、ぼくは夢見心地だった。こうして声に出して本を読んでいると、なんだか頭がぼうっとしてきて、自分で自分がなにを言っているのかも、なにを考えているのかもわからなくなってくることが、ぼくにはよくあった。

1935

どんな宗教に属していようとドイツ国民に変わりないとされていたのは確かだが、ただひとつはっきりと例外にあたる民族が存在するのであり、いまや私はそのことに絶対の確信をもっている。というのも、私がその問題に取り組み始め、ユダヤ人というものに関心が引きつけられるようになって以来、それまでは見えなかったウィーンの一面が見えてきたからだ。ウィーン中どこへ行ってもユダヤ人の姿を見かけるうえ、見れば見るほど、他の人々との違いがはっきり見分けられるようになっていった。とりわけ中心街およびドナウ運河北部に位置する一連の界隈は、外見からして既にドイツ人とはまるで似ても似つかない住民達であふれかえっていた。

（『我が闘争』より）

ドロルおねえちゃんが休暇でうちに来てる。そう、あっという間にもうクリスマス休暇で、外はすごい雪。おねえちゃんはぼくの部屋のちっちゃなソファーにシーツをかけて、掛け布団をもらってそこで寝てるんだけど、おねえちゃんたらこのごろなんだか隠れてばっかりなんだ。体を洗うときも、ネグリジェや部屋着に着替えるときも、わざわざお風呂場に閉じこもってさ。おねえちゃんの背はもうママと同じくらいあって、おっぱいも大人の女の人みたいに大きいんだけど、まだお化粧はさせてもらえないしハイヒールもダメ。最近はダンサーに憧れていて、『聖なる山(Der heilige Berg)』っていう映画の話をしてくれた。女の人が出てきて、海辺や、山のてっぺんや、砂の上や猛吹雪の中や、とにかくいろんなところでずっと踊りつづけるんだって。おねえちゃんはそのダンサーのマネをして、ベッドに飛び乗ったり床に転がったりしながら踊ってみせてくれた。ダンサーにもなりたいけど、カメラマンもいいいな。登山家もいいし、スキーの世界チャンピオンにもなりたいし、モンブランの崖をよじ登るのもやってみたいし、映画であの人がやってたみたいに雪の湖を渡ったりもしてみたいの。「その女優はね」おねえちゃんは言った。「レニ・リーフェンシュタールっていって、世界一きれいなドイツ人なの。それに、ヒトラーの恋人かもしれないってうわさよ」。

クリスマス休暇のあいだは、朝のうちは家でのんびりして午後になると散歩に出かけるのがお決まりのコースだった。今日はみんなでスケートへ。毎年冬になると、うちからそんなに遠くないところ、お隣の建物とパパの職場のだいたい中間あたりに野外スケート場が開かれる。一度、ドロルおねえちゃんがこっちに来る少し前に、ボビーおばさんがソニア・ヘニーっていうスケートチャンピオンのショーへ連れて行ってくれたことがあった。ヘニーはとにかくすごい天才で、一一歳でオリンピックに出てるんだ。一九二四年のシャモニー・モンブランオリンピックだよ。まあそのときはビリだったんだけど、でもその後に出た大会はぜんぶ優勝で、今じゃ「氷の女王」とか「氷のパブロワ〔バレリーナ〕」とか呼ばれてる。ただ、ノルウェー人なんだよなあ。ドイツ人だったらよかったのに。

今週は映画もたくさん観に行った。たとえばシャーリー・テンプルの『テンプルちゃんお芽出度《めでと》う』。シャーリー・テンプルは七歳なのに、映画に出るのはこれが二九本目なんだって。子どもがたくさん出てくる映画で、みんなサロペットを着て、髪はぐしゃぐしゃ。ポッケに手をつっこんだまま肩で風を切って歩いてた。ぼくも映画館の帰り道におんなじようにやってみたけど、ローズィにやめなさいって言われて、おねえちゃんには笑われちゃった。そうそう、おねえちゃんの大好きなレニ・リーフェンシュタールが出てる映画も観に行った。すごくきれいでなんでもできるから尊敬しちゃう、っておねえちゃんは言う。

「レニはね、すごく進んだ女性なの」

ぼくたちが観たのは最新作の『意志の勝利』っていうやつ。舞台はドイツ……っていうより、なんだかうちのすぐ下で撮ってるみたいな感じ。だって、最初から最後までずっとヒトラーとナチの大群ばっかりなんだもん。最初は飛行機でニュルンベルクの町(うちからもけっこう近いよ)の空を飛び回るところから始まる。建物と建物のあいだを大聖堂めざして行進するSAの隊列がありんこみたいにちっちゃい。そのあと飛行機からヒトラーが降りてきて、まわりじゅうの人たちは揃って拍手喝采。ぼくと同い年くらいの子たちが、ぼくたちが毎朝学校でやってるのと同じ挨拶をやっていた。手のひらを下に、指と指は泳ぐときみたいにぎゅっと閉じて、腕をヒトラーの方へぴんと伸ばして上げるあれだ。でもヒトラーのほうはほとんど上げない。毎日朝から晩までやり過ぎて疲れちゃったのかもね。映画はトーキーで、学校でよく聞かされる歌も出てきた。「旗を高く揭げよ」っていう題で、内容は、いつか戦争する日のこととか、鉤十字のうつくしさとか、ヒトラーの旗のかっこよさとか。この曲の詞を書いた人はナチスの若い党員なんだけど、一九三〇年にコミュニストに暗殺されたらしい。観終わったらなんだか自分が兵隊みたいに強くなった気がして、ポッケのなかでこぶしをぎゅっと握りしめ、そっくりかえって帰り道を歩いた。腕と胸が筋肉もりもりになった感じ。ドロルおねえちゃんやローズィに失礼な態度をとるやつがいたら、ぼくがそいつをやっつけて二人の名誉を守るんだ。そうやってヒーローになった自分を空想しながら通りを歩いて、家に帰り着くまでに頭の中でたくさんの人をピンチから救った。帰ってパパに今日なにを観たか教えてあげると、ちょっと変な顔をされた。

ニュース映画ってどうしてこんなにわくわくするんだろう。去年の夏はヒンデンブルク元帥が亡くなってヒトラーがお別れのセレモニーをやったんだけど、そのときの様子もニュース映画でぜんぶ観た。燃え上がる薪の山。武装した男の人たちが兜をつけ、たいまつを手に棺のそばを歩いて、そこいらじゅうに黒い煙の雲がもくもく。やがて城塞みたいなところに着くとものすごい数の兵隊さんが集まっていて、さっきの行列がその中央に棺をおろすと、棺は地面の下にぱっと消えていった。それを合図に始まる編隊飛行。城塞の壁にはヴァイマル共和国軍の十字が記された大きな大きな旗。そうして、将軍たちや、黒い服に黒いヴェール姿の女の人たちがたくさん並ぶその真ん中に、ヒトラーはひとり、軍服の腰のあたりを幅広なベルトで十字に締め上げ、追悼演説っていうのをやって、お日様の下でお祈りを捧げた。同じ映画の中で、これからはヒトラーが総統であり首相であり、元帥の地位を引き継ぐのもヒトラー以外にいない、という話もしていた。パパは咳払いしてママになにか耳打ちした。周りの人から変に思われてないといいんだけど！

クリスマス休暇が終わった。ドロルおねえちゃんもベルリンへ。明日からまた学校だ。ぼくはベッドの中で楽しかった休暇のこと、みんなで観た映画のことや、映画に出てきたアメリカやドイツの子どもたちのことをあれこれ思い返していた。ぼくはドイツ人のほうがいいけど、でも茶色のシャツにネクタイとワッペンをつけて短剣まで持つような格好はしたくない。ドイチェス・ユングフォルク〔少国民団。ユーゲントの下部組織〕に入るのなんてもっといやだ。一〇歳から入れることになってるんだけど……そしてぼくはちょうどいま一〇歳なんだけどさ。ラルフはとっくに制服や帽子を一式もらっていた。学校が終わると他の子たちと一緒に訓練もしている。毎週土曜日には村の方へパレードに出かけているし、テントの中で一晩過ごす企画もあるんだって。ぼく、ときどき思うんだ。家を出て、ユダヤ人じゃなくなって、みんなとおなじふつうのドイツ人になることってできないんだろうか。自分が何人なのか自分で決められたらいいのに。それでまたラルフと遊べたらいいのに。もしかしたら、もう少しすればまた遊んでくれるようになったりするのかな。

*

学校での一日は、長い。朝のうちは校舎に着いてもまだ夜みたいに真っ暗。門をくぐるとそこからは別世界だ。校庭で時間になるまで待って、ベルが鳴り出したら整列。寒くて寒くて鼻から白い息が立ちのぼる。でも手をポッケにつっこんだままにしてると叱られる。ウールの手袋をしていても指先はカチカチで足も氷みたい。靴は雪でべしゃべしゃだ。毎晩ローズィが丁寧にワックスを塗ってくれているのに、それでもやっぱり革の中まで水分がしみこんできちゃうんだ。

それからホールに入ると大きな石の階段をがんばってよじのぼる。おしゃべりは禁止だから、聞こえてくるのは押し殺したような笑い声と床を踏みならす踵の音だけ。一段一段にどろどろの水たまりができていく。二階に上がったら左向け左！　と教室の方へ進む。階段の手すりに彫ってあるうさぎをなでてあげるのがぼくの日課。廊下を入ってすぐのところにあるのがぼくたちの教室で、ぼくはその端のほう、窓の近くにある自分の席に着く。さあ授業開始。すぐ眠くなっちゃうんだけど、なんとかがんばらなきゃ。あの先生はぼんやりしている子をみつけると教壇から思いっきりチョークを投げつけてくるんだから。この前なんかほっぺたにぶつけられた子がいて、がんばって泣かないようにしていたけど、唇がぷるぷる震えてた。

学校ではラテン語とギリシア語も習う。あのふたつってどっちがどっちかすぐこんがらかっちゃうんだよね。帰ってからママと復習してるからなんとかなるけど。ぼく、勉強は好きなんだ。大人になるまでに世界中の、もう使われていないような昔の言葉までぜんぶぜんぶできるようになって講演をして回るんだ。それで有名になって、エドガーさんはどんな風に育ったんですか、なんてインタビューされたら、この学校での毎日を話そう。だから覚えておかなきゃ。どんなことも。ひとつ残らず。


ザール地方がついにドイツに戻ってきました、と先生が教えてくれた。ザール地方っていうのはすごくちっちゃくて、昔はドイツの一部だったんだけど、一九一八年からフランスに保護領にされていたところ。でもほとんどの人はドイツ人に戻りたいって思っていたからやっと願いが叶ったことになる。これでフランスは少し小さくなって、ドイツは少し大きくなったんだ。さすがはドイツ！　ぼくたちの国、ドイツ！

「我らが総統閣下が、一発の銃弾も放つことなく領土を勝ち取ったのです」

先生は続けて、みなさんでお祝いしないといけません、と言った。ぼくたちは全員立ち上がって叫んだ。「ハイル・ヒトラー！」

その次の週の授業では、ドイツにもうすぐ他の大国に負けないような立派な軍隊ができます、総統閣下がお決めになったのです、と言った。間もなく兵役も復活するでしょう。そうすれば我が国は六〇万人の兵力を持つことになります。ぼくは他の子たちのほうを見た。みんな口元がうっすらほころんでいた。ぼくたちはもう一度、ヒトラー総統閣下を称える挨拶をして、それから鐘が鳴った。みんな自分の荷物を、余計なおしゃべりなんかもちろんせずにさっさと片づけて、椅子を机の下に入れて、決まり通り静かに教室の外へ出た。校庭まで来ると、みんな喜びを爆発させた。ぼく以外は。

ラルフと、ラルフが最近仲良くしてる子たちから無視されるようになった。あんなの、バカなやつらの集まりだし、たったの数人だけど。他の子たちはまだふつうにぼくと遊んでくれるし。この学校にはぼくの他にもユダヤ人がいるけど、みんな似たような目に遭ってるみたい。ひとりはよく両手を後ろに組んでうつむいたまま歩いている。なんだかナポレオンみたい。もうひとりはいつも体操場の屋根の下にすわりこんで読書に夢中。たまにひとりでお手玉やビー玉で遊んでいるのも見かけた。ぼくは、毎日辛いな、苦しいなと思うこともあった。それでも、家にいるときは最高に幸せなんだ。パパもママもローズィも大好きだし。ボビーおばさんも。それとフンク。あいかわらずドイツの悪口ばっかり言ってるけどね。先生が聞いたらどう思うかな……。でもとにかく、フンクはぼくをとってもかわいがってくれて、いろんなものをくれる。あめ玉とか、漫画とか、色鉛筆とか、ゴムとか。それから紙飛行機を作ってくれたり、冗談を言ってローズィを笑わせたり。だからママがまだ帰っていないときは今もフンクに会いに寄ってるんだ。たまにママから、あなたたちいったいあそこでなにしてるの、ってきかれたりするけど、秘密にしておこうっと。

みんな黙ったままなにも言わない。ぼくが学校から帰ると、パパも家にいて、書斎の机にむかっていろんな新聞を何度も繰り返し読んでいた。ぼくのほうをみてにっこりすると、また新聞を読み始める。ママが帰ってきてはじめて、パパはヒトラーが例の兵役義務っていうやつを復活させるのを知って心配していたんだとわかった。パパが兵役復活の記事を声に出して読み上げると、ママはぼくをじっとみつめた。ぼくは、ママが泣いちゃうんじゃないかと思った。パパはがんばってママを慰めようとした。この子はいくらなんでも大丈夫だよ、小さ過ぎるもの。それに、ヒトラーが再軍備するだなんて聞いたらきっとフランスが黙っちゃいないさ。

「また戦争がしたいと思ってる人なんていないんだから」

それから、夜になった。ぼくはお風呂に入ってご飯を食べて、いまはパパたちと一緒に居間にいる。誰もなにも言わない。ひとりぼっちみたいな気がしてくる。ローズィがもう寝る時間ですよと言いにきて、ママもちゃんとあとでおやすみのキスをしにきてくれるわよ、と約束してくれた。

ベッドの中で、ゴットフリート・ケラーの『ゼルトウィーラ家の人々』を読み終える。今日読んだお話は「馬子にも衣装」で、主人公の仕立て屋さんが遠くの村に住む偉い人へ高価な衣装を届けに行く途中、たまたま貴族に間違われるんだけど、そこで正直に身分を明かす代わりにお客さん用の衣装を着こんで貴族のふりを続け、冒険に冒険を重ねて、最後には衣装の届け先だったはずの偉いお客さんに成り代わっちゃうっていうストーリー。ぼくもユダヤ人じゃなくなったりできるかな？

それにしてもママはちっとも来てくれない。だからシーツも冷たいまんま。いつの間にか眠ってしまうぼく。ほっぺにママの手があたってる気がする。ママはぼくのそばに寝そべって、キスしてくれた。かと思えば、あれれ、もう夢の中みたい。そう、ぼくは夢をみていた。空を飛べるようになった夢を。無敵の自分になった夢を。

次の日の午後は学校から帰ってくるとみんなが来ていて、居間に集まってすわっていた。パパにママにボビーおばさんに公爵にフンク。ぼくもとりあえずその輪に加わる。見ると、床にひざ立ちになって作業している男の人が。マホガニー製の大きな機械をいじっていて、その表面には金色の文字で「ブラウプンクト」と書いてあった。

「ラジオだよ」パパが言った。

にこにこしながらこっちを見てくるパパを見てぼくは、あ、ぼくももっと喜んだほうがいいみたい、と気がついた。パパったら鼻高々なんだもん。男の人がラジオのカバーを持ち上げると、いろんなコードが見えた。おっきなランプも二つついている。それからカバーをつけ直して電源につなぐ。すると突然、ザーザーいう音に続いて、声が聞こえてきた。ヒトラーの声だ。

「他の局に回していただいてもよろしいですか?」すぐにパパが頼んだ。

男の人はゆっくりと振り返り、パパの目をまじまじと覗きこんでから、今度は頭のてっぺんからつま先まで、目を細めてなめまわすように眺めた。そうしてラジオの方へ向き直ると、ツマミをひねった。表示板の細い針が移動して、ザーザーとおかしな音がする。男の人はもう一つのつやつやしたツマミをひねった。ザーザー音が止まる。今度は音楽が流れてきて、ぼくにはすぐわかった。ママがよくピアノで弾いているシューベルトの「ハンガリー風のメロディ」だった。

居間にラジオがやってきてから、家の様子がすっかり変わった。ママは前ほどピアノを弾かなくなったし、パパはニュースを聴くようになった。パパがいつも聴いてるのはラジオ・リュクサンブール。外国の局なんだけどドイツ語の番組もあって、ドイツのニュースをやるんだ。ナチスが自分たちと考えの違う人たちを逮捕した、とか、ナチスに反対する新聞を禁止して出せないようにした、とか。小さいころパパがカフェ・ステファニーで読んでいたような外国の新聞はもうどこにも売っていなかった。我が家ではみんなラジオ・リュクサンブールばかり聴くようになっていた。

ぼくはというと大好きなスポーツ選手たちの活躍に大興奮の毎日。とにかくなんでも一番はドイツ人なんだ。たとえばルドルフ・カラッチオラ。イタリア人みたいな名前だけど正真正銘ドイツ人で、愛車のメルセデス・ベンツW25Bで世界中のカーレースを制覇してる。カラッチオラはとにかくすごい。モナコで事故を起こしたせいで右足が左足より五センチ短いから、歩くときは杖をついてるけどね。おまけに奥さんは去年の冬、雪崩《なだれ》に巻き込まれちゃったらしい。でもまたレースの世界に戻ってきたし、今じゃ新しいベンツのおかげでライバルのルイージ・ファジョーリよりも速いんだから。で、その新しいベンツっていうのはヒトラーがカラッチオラのために直々に注文して作らせたんだって。ほんとによかった。だってそれまでの何年かはしょうがなくイタリア製のそれほど性能の良くない車に乗ってたんだもの。ラジオ・リュクサンブールのニュースでは、今週はリビアのトリポリで開かれたグランプリで優勝したって言ってる。砂漠に囲まれた、マラッハの塩湖のほとりでやるやつだ。ぼくもベドウィンに混じって見物してみたかったなあ！　カラッチオラの顔にかかる砂、矢のように走り出すベンツ、うなるエンジン。地平線の彼方にもくもく立ち上る煙、観客席のあちこちにひるがえる旗。去年なんか、流線型のマシンで最高時速三一一・九キロまで出したんだ。

あるとき、そのチャンピオンがわざわざミュンヘンまでヒトラーにメルセデス・ベンツ770を届けにやってきたことがあって、それからというものぼくは家の窓から向かいを見下ろしては黒くてかっこいいその車を眺め続けている。いくら見ても見飽きない。総統閣下殿はドイツ中にアウトバーン〔高速道路〕を造らせてイタリアのアウトストラーダよりもスピードを出せるようにしよう、って言ったんだって。早く完成するといいな！

ドイツ人はなにをやっても一番。来年はベルリンにオリンピックが来るけど、金メダルがいちばん多いのはきっとドイツだよ。絶対だね。

ラジオ・リュクサンブールからアナウンサーの鼻にかかったような声が聞こえてくる。「フランスはヒトラーの再軍備に反対していない模様」。ヒトラーは今週新しい軍艦の試作モデルを発表したんだけど、そんなに何トンも積み込めない小型のやつだからヴェルサイユ条約で決められたサイズに違反しないってことになったらしい。でも小さいっていっても今までの、旧式の軍艦よりはずっと強力な装備の船になるみたい。共和国の軍隊である「ヴァイマル共和国軍」は今後「ドイツ国防軍」っていう名前になって、空軍や海軍も新しくちゃんとしたのを作る。フランスはそれにも反対していないし、イギリスはドイツが海軍を大きくするのを認める条約にサインした。唇をぎゅっと結んで聴いているパパに、ラジオを消してちょうだい、とママが言った。

*

今年も夏がきたけど、まだバカンスはおあずけ。いまパパが旅行中でいないから。パレスチナに住んでるおばさんたちに会いに行ってるんだ。家族みんなでパレスチナに引っ越したらどうかっていう話があって、パパはその下見、ぼくは出発へ向けていろいろ準備中ってわけ。毎晩、部屋でパレスチナの地図を眺めたり、そこに載ってるいろんな町を百科事典で調べたり。昼間はローズィが市営プールに連れて行ってくれる。最近すごく泳ぎがうまくなってきたし、せっかくだからオリンピック目指して特訓することに決めた。まだいつになるかもどの種目にするかも決めてないけど、とにかくその日へ向けて特訓し続けるぞ。毎朝腕立て伏せを五〇回やって、公園の周りを走って一周して、プールではクロール。このぶんだともうすぐ出られるかな！　あちこちのスタジアムで拍手喝采されちゃったりして！　でも、もちろん本もたくさん読むよ。アーダルベルト・シュティフターなんかいいよね。ゴットフリート・ケラーと同じで、読んでると空想が広がるんだ。お気に入りは『石さまざま』っていう短編集。これは田舎の人たちの生活を書いてるんだけど、その中の「水晶」がいちばんよかった。子どもが二人、クリスマスの夜に雪のなかで迷子になっちゃう。二人を捜して村じゅう大騒ぎ。もう少しで死んじゃうってところで村人がみつけてくれてめでたしめでたし。最後までドキドキしっぱなしだったし、読みながらドイツじゅうを冒険して回る自分を想像したり。ちっちゃな犬を一匹連れて、着替えの数枚入った包みを片手に町や村を訪ねて歩き、森に分け入ったり、山をよじ登ったり、小屋を建てて休んだり、インディアンみたいなカヌーをこしらえてヨーロッパじゅうの川という川を漕ぎ進み、さらに大きな川をさかのぼってついにはパリやロンドンまで……。

パレスチナから帰ってきたパパは、よおく見ないと誰だかわからないくらい真っ黒に日焼けしていた。荷物はヘニーおばさんとメディおばさんからのプレゼントでぱんぱん。旅のお土産話もどっさり。ヘニーおばさんはエルサレムの近くのタルピオットに暮らしていて、すごく立派なお屋敷に住んでいること。ヤコブ・ライヒっていう男の人と結婚して、離婚して、でもいまも友だちでしょっちゅう会ってるくらい仲がいいこと。パパのいちばん下の妹にあたるメディおばさんは、レホヴォトっていう、テルアビブの北東にある小さな村に住んでいること。ハンス・オッペンハイマーっていうお医者さんと結婚して一緒に暮らしていること。ふたりして貧乏な患者さんたちのために働いていること。「夢見がちな理想主義者」で「社会主義のシオニスト」なんだってパパは言う。ユダヤ人のための理想の国を作ろうとがんばってるんだって。

「それって、ドイツ人のためのドイツ、っていうやつとおんなじ？」ぼくは尋ねた。

ママは何も答えずにぼくを抱きしめた。それからパパが地図を広げて、今回の旅の道筋を順に説明してくれた。イタリアはフィレンツェからローマを通ってナポリまで行き、そこから船でハイファまで行って、エリコからエルサレムへ……。楽しい旅だった、おばさんたちも生活に満足しているようだったよ、とパパは言った。ただ、それでもパパは決心を固めていた。パレスチナへは引っ越さない。生活していくにはあまりにも環境が厳し過ぎるし、ぼくが十分な教育を受けられなかったら困るからって。それにあそこへ行ってもいったいどんな仕事をすればいいのか。話を聞き終えると、ママはにっこり笑ってみせた。そうしてパパのためにバスタブにお湯を張ってあげた。パパが、やっぱり家がいちばんだねって言いながらラジオをつけると、ママの顔が強張った。

「大丈夫、ニュースじゃないよ」と優しくささやくパパ。

するとラジオから音楽が流れてきた。うきうきするような曲で、トランペットが盛んに鳴っている。

「あらこれ、ジャズね！」ママがにっことした。

そうして、ふたりはキスをした。

確かその次の日、だったと思う。恐ろしいニュースがラジオから流れてきたのは。夜、ちょうどごはんを食べようとしていたところだった。

年に一度、ニュルンベルクで開かれるナチスの大きな集会(レニ・リーフェンシュタールの映画にも出てきたあれだ)でヒトラーは、これからはユダヤ人には他のドイツ人と同じ権利を認めない、と発表した。

ぼくは、それってぼくも入ってるんだろうか、と考えた。

1936

いつしか奴らのあいだに発生し、やがてウィーン中でそれなりの規模を獲得するに至ったとある大きな潮流が、いかにもユダヤらしい特徴を、それも極めて衝撃的な形でくっきりと示していた。それすなわちシオニズムである。

ともすれば、そこまでの徹底した立場に賛意を示しているのはユダヤ人の中でも少数派であり、大多数の者は批判的で、シオニズムのありかた自体に拒絶反応を示している、という印象を受ける。しかしながら現状をより仔細に見て行くとそうした印象は消えてゆき、してみるとそこには都合よくでっち上げられた不当な事由が靄となって立ち込めているに過ぎなかった。それも「嘘」という言葉をあくまでも避けて語ろうとすればの話である。

（『我が闘争』より。シオニズムに触れた箇所から）

学校が終わって校門のところまで来ると、いるはずのローズィがいない。待っていたのはママだった。お迎えのメイドさんたちの後ろのほうで、毛皮のコートに身を包み背筋をぴんと伸ばして立っている。あのコート、やわらかくって、ふわふわで、顔をうずめたり指でわしゃわしゃしたりすると気持ちいいんだ。近くにラルフがいた。ラルフのところの運転手さんはロールスロイスの前に立ってお出迎え。ラルフはすぐには車に乗らず、トーマスとハンスとなにかおしゃべりしている。三人とも上着の折り襟のところにナチスのバッジをつけていて、僕のほうを見て、ママをじろじろ眺めて、それからひそひそささやきあった。なにを話してるんだろう。ママがユダヤ人だってこと？　それともユダヤ人っぽいとか？　やっぱり鉤鼻だとか？　そんなの嘘だ。ママは世界一美人でエレガントな女の人なんだから。でもやっぱり、ちょっとだけ気まずい。できたらママには来てほしくないな。

今、ドイツの経済大臣をやっているのはヒャルマール・シャハト。一九二八年のチューリッヒの学会でパパたちと一緒に写真にうつっていたあの人だ。シャハトは、国家の経済活動からユダヤ人だけ完全に仲間はずれにするなんて不可能だ、となんとかして国民にわからせようとしていた。その一方で、細かい基準を決めて本物のアーリア人とはなにかを——そしてそれ以外も——はっきりさせたらどうか、と言いだす人たちもいた。とりあえず今のところは、おじいちゃんおばあちゃんが何教かでぜんぶ決まることになってる。おじいちゃんおばあちゃんの中にユダヤ教の信者が三人以上いたら、その人は完全なユダヤ人。二人までなら「混血ユダヤ人」だとか「半ユダヤ人」だとかいうことになる。ナチスはそういう人たちに「ミッシュリング（Mischling）」と名前をつけた。意味は「合いの子」。自分がどれに入るのかはおじいちゃんおばあちゃんの洗礼証明書をみつけて確かめないといけない。

同じクラスのハインリヒは親が洗礼証明書をどこかにやっちゃったらしく、ラルフたちのグループに「ユダ公」呼ばわりされていじめられていた。次の日になって証明書がみつかると今度はハインリヒの方がラルフたちを無視して謝りに来るまで口をきかなかった。仲直りしてからはいつもべったりで、休み時間はずっと鉤十字の飾りがついたバッジを見せ合ってはしゃいでる。

僕の場合は単純だ。おじいちゃんおばあちゃんはパパの方もママの方もみんなユダヤ人だから、家族全員ユダヤ人。それ以外にありえない。なんて、実はそこまで単純でもないいんだけど。だってパパが最初に結婚した女の人はカトリックだったから。そう、つまりドロルおねえちゃんのママのことだ。おねえちゃんも僕と同じでユダヤ人てことになるのかな？　僕はパパの書斎の机に早見表を広げて調べてみた。クリスマス前に出た新聞に載っていたその表は、一本の樹から枝がどんどん細かく分かれてるみたいなやつで、見方が難しくて自分がどこに入るのかよくわからない。ドロルおねえちゃんの場合、「完全な」ユダヤ人なのはパパの方のおじいちゃんおばあちゃんだけだから、「混血の」ユダヤ人てことになるのかな。あの「ミッシュリング（合いの子）」っていうやつか。あ、でも、ニュルンベルク法ができる前にユダヤ教の信者として活動したかどうか、これはバツだぞ。じゃあユダヤ人じゃないいんだ。で、もし今、活動していたら「ミッシュリング」に早変わりってわけだな。パパに確かめてみると、「但し書き」を見落としているよ、その段の第一項を読むように書いてあるだろう、といわれた。そこには「第五段第一項に規定された条件を満たすユダヤ人が婚外子を設けた場合にはこれをユダヤ人とみなす」と書かれていて、その条件というのは「祖父母の三人以上を完全ユダヤ人が占めている者」、つまりパパもこれに入る。

「でもおねえちゃんはコンガイシっていうのには入らないでしょ！」と僕。

「いや、入るんだよ。離婚しているからね」パパは答えて言った。「パパとドロルのママはもう夫婦じゃないいんだから！」

となると、おねえちゃんもユダヤ人なんだ、僕と同じだ！

でも、実はこのとき、読み間違えていたのはパパの方だった。同じ項目の最後のところにもうひとつ条件がつけ加えてあって、完全ユダヤ人に入るコンガイシは一九三六年七月一日より後に生まれた子だけ、ってなってる。今はまだ一九三六年の一月だから、おねえちゃんはぜんぜん関係ない。ということは、おねえちゃんは完全ユダヤ人じゃなくてやっぱり「半ユダヤ人」、例の「ミッシュリング」なんだ。僕の方は、完全ユダヤ人だけど。

もっと昔に生まれたかった。パパと同じ時代とか。パパはドロルおねえちゃんのママと結婚できたけど、僕には絶対に許されない。カトリックの女の人と手をつないで歩いているところを捕まえられたりしたら、きっとそれだけで「民族に対する裏切り」の罪で死刑にされる。アラベラはどうしてるかな。小さいころはよく一緒に湖へピクニックへ出かけたっけ。二人ともまだ五歳とかそのくらいで、でも僕は、好きだったんだと思う。よく思い出すんだ。金色の髪、形のいい鼻に碧い目。僕はアラベラにまた会いたかった。アラベラのママの方は今でもときどきみかけるけど、うちじゃなくてボビーおばさんのところへ直行していた。そうだ、ドロルおねえちゃんはどうなるんだろう？　おねえちゃんも自由に人を好きになったりできないことになる。ユダヤ人じゃない人に結婚を申し込まれても——そしておねえちゃんもその人と結婚したいと思っても——結婚するためには許可を申請して認めてもらわないといけないし、結婚したらその瞬間から相手の人は「ミッシュリング」になって、将来子どもが生まれたらその子たちだってそうなる。わざわざ進んでそんな大変な目に遭いたい人なんているわけないよ。ただでさえ三年前からユダヤ人はお医者さんにも公務員にも新聞社や出版社の管理職にも音楽家にも弁護士にもなれなくなったのに。ヒトラーも来ている例の歯医者さんにいたあの、金髪で大きな赤い唇のところにほくろのあるきれいなおねえさんは、もういない。たぶん、ユダヤ人だったんだろう。そうなると僕はどんな仕事をすればいいんだろう。誰と結婚すればいいんだろう。

＊

学校の前で待っているママ。ローズィは一緒に来ていない。ラルフたちのグループがママをじろじろ眺めている。

「ママ、ローズィは？」

「後で話すわね。さ、いい子だから」

「やだ！」僕は言った。「ローズィは？　なんでいないの？」

ローズィはなんで来ないの？

ママは返事をしてくれない。ただ僕の手をぎゅっと握って、眉をひそめた。

「しっ！」

喉がきゅってなって、目がじんわりしてくる。みんな僕たちの方を見ていた。

ママを置いて一人で歩き出す僕。ついてくるママの足音と他の奴らのバカにしたような声が後ろから聞こえてくる。僕は走りだした。涙が首の方まで流れて落ちた。

いつもの帰り道を夢中で駆けて行く。ハウス・デア・ドイチェンクンスト(ドイツ芸術の家)を過ぎて、褐色館を過ぎて、レームの家を過ぎて、ハインリヒ・ホフマンの家を過ぎて、ヒトラーのアパートを過ぎてうちのアパートに着くと階段を全力で駆け上がって呼び鈴を鳴らし、ドアを開けてくれたパパを押しのけてローズィの名前を呼んだ。台所にはいない。居間にもいない。僕の部屋にもいない。ローズィの部屋に行ってみると空っぽだった。僕はありったけの力を込めて「ローズィ!」って叫んだ。階段を駆け下りて、フンクの家のベルを鳴らす。ドアが開いてフンクが出てきた。

「ローズィは? ローズィはどこ?」

フンクは僕を抱き寄せてぎゅっとした。

僕は、静かに、泣いた。

ニュルンベルク法のせいで、ユダヤ人には「ドイツ民族の血」の流れる四五歳未満の人たちを雇うことができなくなった。ローズィは僕が好きだし、僕もローズィが好き。確かに、ローズィはドイツ人だけど——でも僕だって前はそうだったんだ。あのニュルンベルク法ができるまでは。今の僕はユダヤ人。ただのユダヤ人。ユダヤ人でしかなくて、他の何者でもない。僕たちは家族全員ユダヤ人でしかなくなって、だからローズィはもう、僕たちと暮らしてはいけないことになった。

*

こうして、僕はユダヤ人になった……。みんなから憎まれるユダヤ人に。

パレスチナへ引っ越せたらいいのに。そうしたらきっとひとりぼっちじゃなくなる。パパとママはどうするか話し合っていた。いろいろと情報を集めて、最近知り合った人たちにもらった専門書や雑誌の特集記事を熱心に読んで。僕も二人が話しているのを聴いたり、机の上に広げっぱなしになっていた本や雑誌をパラパラと眺めてみたりした。そこにはいろんなことが書いてあった。人口一五〇万人のパレスチナに今年だけで六万人のユダヤ人がやってきたこと、中でもドイツから来る人たちが多いこと、ユダヤ人のパレスチナ移住は四〇年くらい前から始まっていて、今ではナチ党とユダヤ機関が協力して後押ししていること。ヨーロッパから来た家族同士が集まってグループを作り、近くにあるアラブ人の村々から売ってもらった小さな小さな土地で一緒に暮らしていること。果物はオレンジを栽培している人たちが多くて、輸出しやすいのがその理由であること。南フランスの村に似た雰囲気のところもあれば、ソ連のソフホーズみたいなところもあること。実際にソ連から来ている人たちも多いこと。若い女の人はたいてい首元の大きくあいたブラウスと裾がピエロみたいに広がったズボン、男の人はジレを着てショートパンツをはき、キャスケットをかぶっていること。グループの方針は委員会が決めていること、委員は七人いて、毎年選挙で選び直していること。午前中は五時三〇分から一一時三〇分まで働いて、午後は一四時から一八時三〇分まで働くこと。お給料というものは一切なくて、代わりにグループが代表してみんなに必要なものを手に入れて配っていること。煙草を吸う人には煙草も、音楽家には楽器もちゃんとくれること。一人二週間まで休暇が取れて、旅行やそのほか必要なものにかかるお金はグループが出してくれること。みんなぜんぜん教会へ行っていないこと。それぞれのグループが生活している村には中心に大きな共用の建物があって、子どもたちはそこでみんな一緒に、子守り係の女の人たちに育ててもらうこと。僕もそっちがいいや。ここはもう嫌だ。

パパはパレスチナに行くのを嫌がっている。あそこは戦争状態だからね。暮らして行くのはたいへんだよ。アラブ系の住民はあんまりたくさんの人たちが船に乗ってやってくるので不安がっているし、ヨーロッパに残っていてくれればいいのにって思ってる。新しく来た人たちのお店を壊して回ったり、通りで襲いかかって殴る蹴るするような奴らまでいるんだ。ナチがやってるみたいにね。ユダヤ人もアラブ人も自分たちの国を作りたいと夢見ているけど、パレスチナはどちらのものでもない。今のところまだ大英帝国の保護領のままなんだよ。ヨーロッパに住めなくなったユダヤ人のための独立国をあそこに建てたいと願っている人たちはたくさんいて、でも周りの国々は反対してる。もしも将来イギリスがユダヤ国家を認めたら、戦争を仕掛けてくるだろう。あそこじゃユダヤ人は「イフード」と呼ばれていて、エルサレムの旧市街に入ろうと思ったら石で打たれて殺されるのも覚悟しなきゃいけないくらいなんだからね。パパは、じきにパレスチナの方がドイツよりも危なくなると考えていた。

「まあとにかく、ヨーロッパにいられればね」パパは続けた。「みんなで身を寄せ合って生きていけるさ。我々フォイヒトヴァンガー家の人間は、あいつらがなんと言おうとドイツ人なんだ。一五五五年にドナウ川の北にあるフォイイヒトヴァンゲン村を追われたご先祖様たちがニュルンベルク近くのフュルトへ居を構えて以来、ずっとそうなんだから。それにその前からこのドイツにはいたんだぞ！

うちのご先祖様はみんな四〇〇年以上前からドイツで暮らしてきた。今はめちゃくちゃな状況だけど、先祖代々あらゆることを乗り越えてきたんだもの、今度のことだってなんとかなるさ！」

＊

パパの五〇歳の誕生日をお祝いしたのはもう一年も前なんだなあ。ときどき、寝入りばなにぼんやり思い出すことがあった。あの晩は、パパの友だちがみんな来てた。ベルンハイマーさん一家も、ジーゲルさん一家も、それからまだドイツに残っていた親戚もみんな。リリーおばさん、ベルトルトおじさん、ボビーおばさん、公爵、それに名前を知らないお客さんもたくさん。作家もいたし音楽家もいたし若い人から年取った人まで。男の人たちはタキシード、女の人たちはイブニングドレス。僕もちゃんと紳士の格好をさせてもらって、首には蝶ネクタイも。その夜はベルンハイマーさんの家でよくやっていたパーティーの様子を夢に見た。紙吹雪をかぶったパパたちがオーケストラの演奏に合わせて踊っていたあのころ。ベルンハイマーさんのところにお呼ばれした日はいつも音楽や笑い声を聞きながらイングリートの部屋で寝ちゃってたっけ。パパのお誕生会の夜はベアーテも来ていて、一緒に夜遅くまで遊ばせてもらえた。ベアーテのパパとママも幸せそうだった。一九三三年にやられたあの青あざはベアーテパパの顔からもう消えていた。ただほっぺたに残った傷痕だけが「嫌な記憶」を伝えていた。

僕はベアーテと一緒にはりきってお客様用のカクテルを作った。台所に陣取ってぴかぴかのグラスにいろんなお酒を片っ端から混ぜ合わせて、仕上げになにかかっこいい名前をつけて大人たちにごちそうしてあげた。すると、少し赤い顔でふらふらしながら何杯も何杯もおかわりしに来ていた男の人がふと、僕の目をのぞきんで言った。

「なあエドガー、今日のこの晩のこと、よく覚えておくんだぞ」

その人は泣き出しそうにみえた。そこへママがやってきて笑いながら他の部屋へ連れて行った。二人の声がオーケストラの奏でる音楽にまぎれていく。ベッドに入る前、窓から外を眺めた。ヒトラーの家には明かりがともっていた。でもたぶん、ひとりだったと思う。

あの男の人がなにを言いたかったのか、今ならわかる気がする。家族で盛大なパーティーをするなんて僕の人生にはもう二度とないかもしれない。パパは仕事に行かなくなった。職場から追い出されてしまったから。カウフィンガー通りにあるカフェ・ステファニーにも行かなくなった。小さいころはよくあそこでベルトルトおじさんも一緒におしゃべりしたのに。あの頃はおじさんのことブビーって呼んでたっけ。おじさんはヒトラーなんて気にしてなくて、あんなの放っておいても大丈夫だよって言っていた。昔、リオンおじさんとベルトルト・ブレヒトが話していたら居合わせたヒトラーが自分から挨拶に来たっていうあのカフェ・ヘックだって、あんなに通っていたのが嘘みたいだ。ローズィと一緒によくトーマス・マンの家へ行っていたのもあの頃だった。パパは自分の持っている貴重な本をよくあの人に貸してあげていて、僕たちが代わりに届けに行ってたんだよな。夏だったっけ。トンボや蝶々が飛んでいた。一度、途中で喉が渇いてたまらなくなったことがあった。確か午後だったと思う。ザクロのシロップが上まで入った水筒に口をつけてごくごく飲んだ。リオンおじさんも、べルトルト・ブレヒトも、トーマス・マンも、みんなみんなドイツを出て行った。他にも数えきれないくらいの人たちが出て行った。どうして、僕たちはまだこんなところにいるんだろう?

＊

通りがかりのお店の入り口に、札がかかっていた。「犬とユダヤ人お断り」。

＊

パパはほとんど家から出なくなった。最近は書斎にこもって『バイエルン・ユダヤ人コミュニティ新聞(*Bayerische Israelitische Gemeindezeitung*)』っていうユダヤ人向け新聞の編集をしている。夜がふけてくると、パパ愛用の大きな羽根ペンが立てるカリカリという音が僕の部屋まで聞こえてきて、オードトワレの匂いがドアの下から入りこんでくる。ときどき秘書代わりの女の人が来て、パパの書いた手紙の整理をしたり。朝から晩まで働きっぱなしのパパは、誰もお客さんが来ない日でも出勤していた頃と同じようにグレーのスリーピースを着こんで、白いシャツにネクタイもちゃんと締めていた。その後ろをそっと通ってコーヒーを運んでくるママ。前は仲良しの作家が来るとローズィが銀のお盆にクッキーを載せてお給仕していたっけ。パパはまた、遠くの町へ出かけていくこともあった。そうして何日かすると、ちっちゃな磁器の人形とか、銀のカップとか、ガラスのスノードームとか、お土産をたくさん持って帰ってきた。近くの町を回って講演会を開いたりもしていて、そういうときのパパはいつもユダヤ人社会への希望に胸をふくらませてご機嫌で帰ってきた。

「なにもパレスチナに国なんか作らなくていいんだよ」とパパ。「国家とか愛国主義とかいうものは戦争と地続きで災いのもとなんだ。反対に、人間の精神、人道的で友愛に満ちた心、文化や知識、思想に発想、そして音楽や絵画といったものに国境はない。ドイツに住むユダヤ人にはもう投票権がないなんていうけど、そんなのユダヤ人じゃなくたって同じじゃないか。どうせナチ以外には投票できないんだから！　少なくとも我々ユダヤ人は奴らの共犯にはなりようがないわけだ」。

パパは銀のペーパーナイフを使って封筒を開ける。手紙は自分の手で書いて、投函に行くのは僕の役目。僕は最後の集配に間に合うように通りを駆けて行ってポストへ差し入れる。政府発行の新聞や雑誌はぜんぶ手に入れて目を通していて、僕にも読ませてくれた。あの『フェルキッシャー・ベオバハター（民族の観察者）』っていうナチスの機関誌は本当にひどい。でも中でも最低なのはユリウス・シュトライヒャーが出してる『シュテルマー』だろう。表紙には「ユダヤ人はドイツ民族に災いをもたらす」というばかでかい文字と一緒に、腰が曲がって鉤鼻のいかにも意地の悪そうな人たちの絵が載っていた。見ているだけで気持ちが悪くなる。ユダヤ人はヨーロッパに戦争を起こそうと企んでいるとか、世界中の富を横取りしようとしていて、特にドイツにいるユダヤ人はたちが悪いとか。これを毎週買っているドイツ人が、四〇〇万人いるんだ。

鏡に映る僕の鼻は、曲がってなんかいない。僕は、新聞や雑誌で見るような絵とは似ていない。このごろよく、昔の、小さかった頃のことを考える。まだ一二歳なのにすっかりおじいちゃんになったみたいな感じだ。ずっと前はお誕生日会にも呼んでもらえた。ラルフのところとか。ラルフはプルースト、今でも好きなんだろうか。あの頃は二人してスパルタクス団に入りたいねって言ってた。お気に入りの本を貸し借りしてた。ラクダに揺られて世界中を旅して回ろうって話してた。もう僕に話しかけてくる子は学校にただの一人もいない。みんなオリンピックの話に夢中で、ドイツが金メダルを独り占めするぞって騒いでる。六月一九日にはニューヨークのヤンキー・スタジアムで、マックス・シュメリングが無敵の王者ジョー・ルイスを倒し、チャンピオンベルトを取り戻した。アーリア人が黒んぼに勝ったんだ、とみんなは言った。この前の戦争では兵士として戦った体操選手のコンラート・フレイやアルフレート・シュヴァルツマンみたいな、優等人種の中でも選び抜かれた選手たちが、オリンピックのスタジアムでドイツ民族の名誉を挽回してくれるさ、と。

＊

ラルフが考え直してくれたらいいなとか、友だちに戻りたいとか、もう思わない。いまさら、そんなこと。僕もパパみたいに、自分だけの世界に閉じこもって生きよう。

僕のバル・ミツバ〔ユダヤ教の男子成人式（一三歳）。女子はバット・ミツバ（一二歳）〕がもうすぐなので準備にかかっている。夕方、学校が終わると、シナゴーグへ行ってラビのグラーザー師にユダヤ教の歌を習う。歌詞はヘブライ語だ。レオ・ベーアヴァルト師にはミュンヘンの大きなシナゴーグでの礼式、作法を教わる。建物の入り口を縁取るようにして立つ円柱にはナチの描いて行った大きな鉤十字がいっぱい。それでも中へ入ればそこは静かで穏やかな別世界だ。僕は大人と子どもが一緒に歌う時間が好きだった。まだ小さな子たちの声が大人の低く響く声と合わさると、なんだか雷の轟く中を小鳥が飛び回っているみたいに聞こえる。歌はみんなヘブライ語でさっぱりわからないけど、音楽にうっとりして、僕は夢中になってしまう。グラーザー師が笑顔で迎えてくれたので僕も合唱の輪に加わって、読めない歌詞を眺めて、読めているような顔で記憶を頼りに歌いながら、そういえばパパもこの教会でバル・ミツバをやったんだよなと考えた。トーラーの巻物がぜんぶ収められた祭壇の近くにあるベンチの下に、パパは自分の本と祈禱用のショールを置いていたらしい。僕はときどきそのベンチに腰掛けて、パパのことを考えた。ミュンヘン全体でユダヤ人は九〇〇〇人もいなくて、人口のたった一・二%に過ぎない。合唱の声が盛り上がると、僕はうつむいた。そうして頰を伝う涙を隠した。

教会では神学の講座もやっていて、ベーアヴァルト師が僕たちの先生役。今日はそのベーアヴァルト師に頼まれてワイズ師というアメリカ人のラビをシナゴーグから泊まり先のホテルまで送って行った。ドイツ語もあまりお得意ではないし道もよくご存知ないから、って。僕たちは黙ってただ歩いた。ワイズ師は、キッパじゃない帽子をかぶっていて、見た目にはぜんぜんラビっぽくなかった。アメリカ風のスーツもその辺を歩いている人たちが着ているやつよりずっとおしゃれにみえた。一緒に迎えに行った子のひとりが、あの大きな帽子はボルサリーノっていうんだよ、と教えてくれた。アメリカ人と一緒に歩けて僕は嬉しかった。僕もアメリカに行きたいな。アメリカの子どもは制服を着なくていいんだって。それに、ショッピングセンターっていうところに行くとミルクセーキがもらえるんだって。朝ごはんはメープルシロップたっぷりのホットケーキで、お昼は家から持ってきたサンドウィッチを食べるんだって。しかも小さな銀色の箱に入ってるんだって。いつか船に乗ってワイズ師の住んでいるニューヨークへ行ける日が来るかもしれない。がっしりした肩をちょっと揺らすみたいにしながら早足で歩くワイズ師。それを真似して歩く僕。と、ワイズ師が急に立ち止まった。大きな声でなにか言っている。けど英語だからぜんぜんわからない。トラムを指さしてまだなにか言っているワイズ師。通りがかりの人々が足を止めてこっちを見てくる。僕たちの前を歩いていた制服姿の兵士が二人、足取りをゆるめて振り返った。ワイズ師は身振り手振りで、あのトラムに貼ってある広告にはなにが書いてあるのか、と僕にたずねた。それはあの最悪な新聞『シュテルマー』の宣伝だった。「ユダヤ人はドイツ民族に災いをもたらす」という大きな文字に、鼻と手がひんまがった気持ちの悪いおじいさんの挿絵。僕には訳せなかった。そもそも英語なんてしゃべれない。そこへさっきの兵士二人が通りを渡ってこっちへやって来た。

「クイック！　クイック！」僕は唯一知っている英語を言った。「クイック」は「早く」っていう意味で、ワイズ師がシナゴーグの子どもたちにプレゼントしてくれたミッキーマウス・マガジンで覚えたんだ。ワイズ師も兵士に気づいて、僕たちはくるっと向きを変え人込みに紛れこんだ。そうしてその後、この話は誰にもしないでおいた。ベーアヴァルト師にも、うちのパパとママにも。万が一あいつらが僕たちを逮捕しにやってきたりしたら、僕のせいだもの。

＊

僕は勉強が好きで、成績はいつも良かった。だから僕のノートに「見ました」のサインを入れるときのパパはいつも満足そうだった。そのノートには「ユダヤ教徒用」としるしが入れられていた。学校の印章は大きなナチスの鷲で、町はどこもかしこも鉤十字だらけで、特にオリンピックの頃からひどくなった。オリンピックは予定通りベルリンで開かれた。フランスのレオン・ブルム内閣はボイコットをちらつかせたりもしたけれど、結局なんにもしなかった。ブルムはユダヤ人なのに。ヒトラーに、ドイツのスポーツはドイツ人以外にはやらせないとまで宣言されたのに。ベルリンと同じ時期にスペインのバルセロナで別の大会を開こうとしたナチス反対派の人たちもいた。ところが当のスペインの状況が悪くなっていった。ヒトラーとムッソリーニの応援するフランコという将軍が、毎日のように国中の共和主義の町を片っ端から大砲で襲って回っているらしい。スペインで裏オリンピックを開くのは当然、無理になった。スペインもじきにファシスト国家の仲間入りだろう。ベルリンでは、世界中からやってきた選手達をヒトラーがおもてなし。選手達はみんな、ナチス式の敬礼でヒトラーを称えた。そういえばオリンピックでも、ナチスと同じように腕を空へ向かってぴんと伸ばすあの挨拶をする。あれは神様のサインなんだよ、と学校で誰かが言っていた。アーリア人のコンラート・フレイとアルフレート・シュヴァルツマンは体操の全種目で金メダルを獲った。ドイツは全競技合わせて八九個のメダルを獲得して一位。二位のアメリカは五六個だった。レニ・リーフェンシュタールは、世界を制したと言えるドイツの英雄たちの栄光をほめたたえる映画を作り『民族の祭典』という題をつけた。僕は、公開されても観に行かないと決めた。

みんながオリンピックの話で盛り上がったり「我らがナチスの英雄」の名場面を真似したりしている校庭で、僕はひとり、ジェシー・オーエンスという陸上の選手のことを考えて自分を慰めていた。

怒り狂うヒトラーの目の前で金メダルを四つも獲ってみせたオーエンス。史上最速のその人はドイツ人じゃなく、アメリカ人だった。そうして鉤十字と同じくらい黒かった。

1937

まもなくして、ユダヤ人がいくつかの分野にわたり行っている活動を知った私は、いっそう考察を深め、徐々にその謎の正体を見出した。

いったい、あらゆる卑劣な行い、なかでも我々の社会生活に巣くう忌むべき営みの中に、ユダヤ人が関与したことのないものなど存在するだろうか？

ひとたびその種の膿瘍にメスを入れればたちまち、腐敗の進む肉体を這い回るウジ虫よろしく、ちっぽけなユダ公が不意に照らし出されて眩しそうに眼を細めるのである。

（『我が闘争』より）

ドロルおねえちゃんがいなくなった。というより、逃げ出したらしい。二日前にベルリンのリリーおばさんから電話があって、パパはそれ以来、おねえちゃんの留学先のローザンヌに電話をかけまくって友だちに片っ端から話を聞いている。でもおねえちゃんの居場所を知っている人は誰もいない。休暇に合わせてベルリンに帰ってくる予定で、金曜日の夜行列車に乗ることになっていたはずなのに、どこかへ姿を消してしまった。家では電話が鳴りっぱなし。パパは口を利かなくなった。スイス行きの切符を買おうとして、ビザがないと国境で止められるんじゃないの、ってママに言われたからだ。

パパはなにかの紙切れを握りつぶして、くずかごに放りこんだ。

朝ごはんを食べているあいだも、パパは黙ったまま。後ろになでつけられた髪は銀色になっていた。相変わらず家でもスリーピースを着て、ネクタイをベストにビシッと収めて、革靴もぴかぴかに磨き上げて。食卓になにか足りないものがあるのに気づくと、ただ唇をきゅっと結ぶ。最近、ママを手伝ってパパも食卓の準備をすることが増えた。それから、ローズィの代わりにユダヤ人のおねえさんが住み込みでやって来た。ドロルおねえちゃんとほとんど同じ年、たったひとつ違いの二一歳。パパに仕事がなくなってからうちには前ほどお金がないので、その人に寝室を貸してお小遣いもちょっとだけあげる代わりに家事を少し手伝ってもらうことになったというわけ。僕にはもうお世話係はいらないから、その点はよかった。ドロルおねえちゃんみたいに逃亡しないように監視係ならいるかもしれないけどね！

その逃亡者さんのニュースが入ってきた。どうやら男の子と一緒に逃げ出したらしい。フランス系スイス人で、名前はデュヴォワザン。パパは悲しそうだった。ちょうどみんなで朝ごはんを食べるところで、白いテーブルクロスの上には銀の丸いお盆が置かれ、ブリオッシュ風トーストが一枚一枚きれいに並べられていた。銀のコーヒーポットの注ぎ口から立ち上る湯気。その隣の小さなミルクポット。フランボワーズのゼリーはジャム入れの中でぷるぷる震えているように見えた。半熟卵[1]たちは割ってもらうのをいまかいまかと待っていた。卵につけて食べる用に細長く切ってあるパンをママがとりあげ、バターを塗って僕に渡してくれる。それから僕のコップにアップルジュースを注ぐと、「卵、早く割らないと硬くなっちゃうわよ」と言った。パパはといえば、なんにしてもドロルさえ幸せならそれでいいんだ、と何度も何度もつぶやいていた。とにかくそのデュヴォワザンという人がドロルによくしてくれることだけを祈るよ、と。

*

ラジオから男の人の声でニュースが聞こえてくる。世界中がファシスト国家に変わっていっているみたいだ。アナスタシオ・ソモサ・ガルシアがニカラグアの大統領になった。ヒトラーと同じ独裁者のガルシアが。スペインではフランコ派の軍隊が共和主義者を攻撃し続けている。そのフランコと同盟を結んでいるイタリアは一九三五年にエチオピアへ攻め込み、皇帝ハイレ・セラシエを追い出しているし、イタリアの統帥《ドゥーチェ》ベニート・ムッソリーニはもうすぐ、地中海に沿ってチュニジアからリビアまで続く全長一八〇〇メートルの道路の建設を始めるらしい。日本の天皇ヒロヒトは中国の満州侵略を進めていて、コウキ・ヒロタとかいうファシストを首相に任命し、日独防共協定を結んだ。ヨーロッパでは去年、ドイツ軍がラインラント地域を占領して、こんなことはこの前の戦争以来初めてなのに、フランスもイギリスも抗議のひとつもしなかった。ベルギーにとってはすぐそばで起きている話だから国内に不安が広がっている。いまやドイツの持っている戦闘機の数は一六〇〇機。イタリアやフランスを抜いて、二五〇〇機のソ連にも迫る勢いだ。フランスの人民戦線内閣の首班レオン・ブルムは五〇億フランもの国債を発行して戦闘機の大量生産に乗り出した。来年末までに一五〇〇機作るらしい。そしてここ、我らがドイツの国会では、ヒトラーの全権委任法が四年延長された。救いはといえば、アメリカがまだファシストの国になっていないこと。アメリカでは去年、ローズヴェルト大統領がまた改めて大統領に選ばれたところだった。

「でもなんにもしてくれないじゃないか、ローズヴェルトは」パパが言った。「ほらビュルシ、急ぎなさい。もう学校に行く時間だろう」

「ねえパパ、もうすぐ戦争になると思う?」

「いいから、大丈夫だから。もう行きなさい」

最近のパパはコーヒーカップを持つ手が震えてカチャカチャいう。今朝はひげ剃りに失敗して顔を切った。血の滲んだ小さな傷痕が少しずつ増えていくパパの顔。ときどき、剃り残しがちょろりと残っていることもあった。それに一年くらい前から、よくお腹が痛いって言ってる。きっとおじいちゃんたちに食べさせられていたカシェル食品〔ユダヤ律法に鑑み適正な手続きを踏んで加工された食品〕のせいだ、って。僕はパパに抱きついてぎゅっとして、それから階段を駆け下りた。

外は寒い。ヒトラーの住む向かいの建物のすぐ前の歩道は、今はもう通行禁止になっている。バリケードの向こう側にはずらっと並んだベンツと、気をつけの姿勢で警備に当たる兵士達。毎日見ている僕にはもうみんなお馴染みの顔だけど、あっちは僕を気にも留めない。というより彼らには見えていない。ユダヤ人の子どもなんて。僕はもうずっと前からあの建物の前を通って、あそこにいる奴らを観察し続けてきた。ヒトラーはどんな風に暮らしてるんだろう。朝はなにを食べてるんだろう。窓を影が横切った。あいつは僕たちを憎んでる。僕を憎んでる。僕の存在すら知らずに。

＊

学校では、クラスメートが全員ヒトラー・ユーゲントに入った。僕以外は。というか、僕たちユダヤ人以外全員、だ。むしろありがたいですけどね！　他の子たちは一〇歳から入隊しないといけないことになってるんだから。昔はあの制服が大人っぽくてかっこいい気がしたけど、いまはなんだかバカみたいにみえる。休み時間の廊下や中庭で聞こえてくるのはヒトラーのことばっかりで、それからフランス人でもイギリス人でもロシア人でもコミュニストでも黒人でもアメリカ人でも、とにかくドイツ人以外はぜんぶバカにして悪く言っていた。ただ、ユダヤ人はあんまり話題に出なかった。もしかしたら僕がいるから遠慮してるんだろうか。僕のほうは学校が終わると急いで家に帰るか、シナゴーグのユダヤ教講座へ行く毎日だった。

＊

先週、ヒトラーがシナゴーグの向かいの店にいるのを友だちが見たそうだ。ロステリアっていう行きつけのレストランで食事をしていて、向こうを向いてすわっていたから最初は気がつかなかったけど、振り返ったときにあの口ひげでわかったんだって。一緒にテーブルを囲んでいた人たちはみんな引きつったような笑顔で食べていたとか。昨日の夜、講座が終わって家へ帰る途中でロステリアの前を通った。ちょうどダビデとゴリアテの話を勉強したところだった僕はふと、お店の中に入って行き投石器でヒトラーの頭に石を命中させてやっつける自分の姿を思い浮かべた(2)。両手をポケットにつっこみ、コートの襟で顔を半分隠すようにしながら歩いて家へと向かう僕は、うすら笑いを浮かべていた。あいつは知らないんだ。僕が誰なのかも。のんきに食事をしている自分の死を願っている子どもが、ユダヤ人の男の子がいることも。その子が自分の家の向かいに住んでいて毎日自分を観察していて、ナチス・ドイツを生き延びてみせるかもしれないことも。その子の父親はもう働く権利を取り上げられていて、それでも幸せに暮らしていることも。その子の伯父《おじ》はナチスに敵対するリオン・フォイヒトヴァンガーで、フランスから――そう、今も「共和国」であるフランスから!――抵抗を続けていることも。僕、ビュルシことエドガーは、編集者であるルートヴィヒの息子で、作家であるリオンの甥で、ジークフリート・グラーザー師の弟子で、力の限りあいつを憎んでいるけど、あいつはなんにも知らずにいるんだ。僕は足取りも軽く、笑ったり口笛を吹いたり歌ったりしながらいい気分で家に帰った。

ヒトラーだって他人の頭の中にまでは手出しできない。僕が考えていることを検査したり、僕の中にどんな世界があるかのぞいたりはできっこない。僕の気持ちだって知りようがない。家の中と自分自身の中でなら僕たちは自由なんだ。シナゴーグで哲学の勉強をしていると、トーラーに出てくる物語はどれも矛盾した展開や教訓でいっぱい。学習室を照らし出す明かりの下、僕たちはみんなで一緒に読み進め、語り合い、ああでもないこうでもないと頭をひねった。グラーザー師は僕たちに物事の考え方だけじゃなく、一人ひとりの感情や気持ちを理解し受け止めることも教えてくれた。どの話にもそれぞれの発見や味わいがあって、魅力に満ちていた。読んでいるうちに自分がダビデやモーセやサムソンになったような気分になってしまう。ナイル川をくだるゆりかごに産み落とされて、長く豊かな髪をたくわえ無敵の僕。そうして勉強しているあいだは現実の時間から離れて、エジプトで人々を導き海や砂漠を渡ったり、みんなに慕われる戦士となって髪を風になびかせながら陽の光を浴びて歩いたりした。それからいつもの道を歩いて帰った。太陽の兵士さながら、目には見えない鎧《よろい》に守られて。ナチスの奴らは僕なんか気にも留めない。僕は奴らをじっと眺める。もう怖くなんかない。

＊

ドロルおねえちゃんはあれから結婚して、今はローザンヌのアパートで暮らしている。デュヴォワザンさんはパパに、お嬢さんとの結婚をお許しください、という手紙を送ってきた。その手紙を読みあげるパパの深刻そうな様子に、僕はパパが爆発するんじゃないかと思った。そしてやっぱり、パパは爆発した。ただし怒りではなく喜びの大爆発。結婚すればおねえちゃんの国籍が変わり、ずっとスイスにいられるようになるからだ。ママは、まだあんまり若過ぎるじゃないの、と言ったけど、パパは聞く耳をもたなかった。昔はこのくらいで結婚したもんさ。そもそも愛に年齢なんて関係ないよ。それから、選択の余地がない以上は物事の良い面を見た方がいい、とつけ加えた。そうなると結婚式だ。ママは僕がいるから残ると決めた。どっちにしたってスイスが三人分もビザを出してくれるとは思えない。一家でスイスへ不法移民に来られちゃ困るもんね。パパはデュヴォワザンさんからの手紙を持ってスイス領事館へ行き、すんなりビザを手に入れた。

なにもかもあっという間に過ぎていく感じ。パパは行ったと思ったらもう帰ってきているし。なんだかパパがパレスチナへ行ったときのことを思い出すな。陽に灼けた顔でお土産を抱えたパパ。いかにもスイス帰りらしく、チョコレートとか、絵はがきとか。結婚式の様子を事細かに話してくれて、嬉しくてたまらないみたい。式はまず市役所で挙げて、それから教会で挙げたこと。おねえちゃんが純白のドレスを着ていたこと。デュヴォワザンて人は若くてとてもエレガントな人らしくて、パパはとってもいい感じを持ったみたい。式の後はみんな一緒に立派なレストランで夕食をとったとか。いやあ、いざ外国へ出てみたらね、ドイツがどんなに変わり果ててしまったかつくづく実感したよ。それで、これはいっそみんなあそこで暮らすべきなのかもしれないと思ってね。パパのきょうだい八人のうち、五人はもうドイツを出ていた。リオンおじさんはフランス、ヘニーおばさんとメディおばさんはパレスチナ、ベラおばさんはついこのあいだマルティンおじさんと一緒にチェコスロヴァキアのプラハへ移住したばかり。ブビーことベルトルトおじさんとフリッツおじさんはまだミュンヘンに残っている。フランツィスカおばさんは夫のディアマントさんと二人の子どもと一緒にベルリンに。ママの側はというと、ハインリヒおじさんはパリに行ってしまって、おじさんがベルリンにうっちゃったままの荷物はいまだに僕たち家族が郵便で少しずつ送り届けている。郵便で引っ越しだなんて！ リヒャルトおじさんと、別れた奥さんのリーゼ(ベルンハイマー)さんと、娘のイングリートはまだベルリンにいる。パパの方とママの方、合わせて一〇人いるおじさんおばさんのうち残っているのは四人だけ。つまり半分以上はドイツを出て行ったことになる。

「そんなことといったって、スイスが三人分もいっぺんにビザを出してくれるわけないでしょう」とママ。

「それよりイギリスはどう？」

「いっぺんにビザが出ないのは一緒だよ。それに僕は英語なんて一言もしゃべれない」

「ならフランスは？　リオンもいるし！」

「その話は前にもしただろう。リオン兄さんとマルタは夫婦二人で子どももいないし、かれこれ四年も前からホテルやコートダジュールの別荘でお金持ちのバカンス客みたいな暮らしをしてるんだ。あの二人だって労働ビザは取れていないんだよ。そういう意味じゃその辺の不法滞在者と変わらない身分さ。ただ幸い少しばかりお金に余裕があるし、なにしろ向こうに友人が多いからね。リオンの書くものが外国でこんなに売れるのも初めてのことだし。そこへいくと、うちはフランスへ行っても一銭も稼げるあてがない」

「ドイツにいたって厳しいじゃない！」

「でもここなら住むところはある。家具や本もあれば、友だちだってたくさんいる。自分の築いてきたコミュニティに守られて、講演したり、新聞を発行したりしながら暮らしていられるんだ。フランスへ行ってごらん、なにもかも失って、僕たちは社会に居場所のない人間になってしまうよ」

パパは顔をしかめて手でお腹をおさえた。

「あなた、お医者さんの予約はした？　なんだかますますひどくなっているみたい」ママが言う。

「うん。来週行くよ」

＊

雪がたくさん降った冬も過ぎ、あたたかくて天気のいい日がだんだんと増えてきた。うちのアパートの裏側にあるテニスコートも営業を再開して、ボールが跳ね返る音やラケットのガットに当たる音、クレーコートに叩きつけられる鈍い音が聞こえてくる。まだ葉をつけていない木々の、ようやく芽吹きはじめた枝と枝のあいだから試合の行方を見守る僕。みんな白いウェアを着ていて、点が入るたびに英語でスコアを言っている。昔は、僕もママとよくテニスをした。最初にサーブとボレーのやり方を教えてもらって。あっちこっちに打ち込まれては右へ左へ前へ後ろへ、さんざん走り回されたなあ。僕はいつも空へぽーんと打ち上げちゃうんだよな。そこへいくとママの打つ球はまっすぐ透明な線を引くみたいに飛んでくるから僕はいつでも追いつこうと必死だった。スコアを数えるのはママの役目。あれはいつだっただろう。バカンスのあいだ？　それとも平日の午後だったかな。ローズィが表面に柳細工のあしらわれた魔法瓶に冷たいレモネードを入れて持ってきてくれたっけ。

僕たちにはもう公営のテニスコートは使わせてもらえなくなっていた。

パパはもうすぐ胃潰瘍の手術を受ける。お医者さんによればそんなに大したことはなくて手術も簡単に済むらしいけど、それでもパパとママは相談の末、パパが元通り元気になるまで僕をベルリンへやることに決めた。とにかく少しでも静養に努めるのが肝腎だから、って。それともなにか他の理由があるのかもしれない。僕にはわからないけれど。迎えに来てくれるのはベラおばさんで、一緒に列車でベルリンへ行き、しばらくフランツィスカおばさんの家で生活する。しばらく前からプラハで暮らしているベラおばさんは、身分証明書を手に入れるために向こうで嘘の結婚をしていて、男友だちの一人がおばさんを助けるために夫――「偽の」だけど――になってくれたらしい。その人は名前をトラウプカッツさんといった。

＊

いまはベラおばさんとベルリン行きの列車の中。窓側の席で向かい合わせにすわっている。同じコンパートメントに乗客は僕たちをいれて八人、ひとつのベンチ席に四人ずつ。バカンスの時期じゃないから子どもは僕ひとりだ。ふつうならいまごろ学校に行っているはずだもの。僕はパパの手術をしてくれるお医者さんから偽の診断書を発行してもらって、パパとママは学校宛てに偽の病欠届を書いた。「単球増加症」っていう血液の病気で、家でおとなしくしていなければならないので、って。万一僕が家にいないのがバレてしまったら、検査を受けるためにベルリンへ行ったと説明することになっていた。僕の身分証明書や旅行に必要な書類はベラおばさんがハンドバッグに大事にしまってくれている。フランツィスカおばさんに書いてもらった呼び寄せ状も。ベラおばさんの方はなんの書類も必要なし。そんなのなくてもどこにでも行けるんだ。チェコスロヴァキアのパスポートがあるからね。

僕にとっては初めてのベルリン行きだった。ついにドイツの首都をこの目で見るんだ。僕は窓の外で電柱から電柱へと波打つように上がったり下がったりする電線を眺めていた。同じコンパートメントの中に鶏のたくさん入った籠《かご》を抱えた農家のおじさんがすわっていて、おばさんは窓を少し開けた。すごい臭いだったから。鶏も、おじさんも。僕たちとそのおじさんの他はみんなスーツ姿の男の人で、黙って新聞を読んでいた。みんな同じ新聞を同じくらい大きく広げ、同じように組んだ足を同時に組み替えたりして、なんだかおかしかった。一人の人がたくさんの鏡に映し出されているみたい。僕は、笑うのを我慢しているうちに、眠りこんでしまった。

ベルリンの駅に着くと、フランツィスカおばさんが迎えに来てくれていた。おばさんの後について人込みをかき分けタクシー乗り場まで行き、そこからタクシーでおばさんの家へ。駅や通りにこんなにたくさん人がいるのを僕は生まれて初めて見た。人だけじゃなくて、車も、自転車も、バイクも、長距離バスも、市バスも、トラムも、若い女の人も、子どもも、大きなお店も、小さなお店も、露店も、新聞売りも、広告も、ネオンも、レストランも、カフェも、バーも、食堂も、テラス席も、そこに置かれた籐椅子も、なにもかもがミュンヘンよりずっとずっと多かった。

このベルリンという町から、ヒトラーは世界を脅かしているのか。でもベルリンはなんだかミュンヘンほどナチス一色じゃない感じがした。ミュンヘンみたいに通りじゅうSSの兵士やユーゲントの子どもたちであふれていたりしないし、バスの脇腹にはユダヤ人を悪く描いた絵も貼っていないし、人種差別的なポスターも見かけなかった。

フランツィスカおばさんのアパートは僕の家と似ていた。ものすごく広くて、温かみがあって、どこもかしこも本でいっぱいで、壁には絵がいくつもかかっている。おばさんの子どもは二人とももう大きくて今週いっぱいはベルリンにはいないらしい。僕は下の子の部屋、ベラおばさんは上の子の部屋を使わせてもらうことになった。パパとママとこんなに遠く離れたところで一人で寝るなんて、生まれて初めてだ。夜、寝る前にベラおばさんがプラハでの暮らしを話して聴かせてくれた。昔のドイツみたいに自由だし、普通にしたいことをして暮らせるの。きっとそのうちまたみんな同じ町で暮らしましょうね。プラハでなくてもいいから、とにかくみんな一緒に安心して楽しく暮らすの。おじさんたちもおばさんたちもお友だちも、もちろんあなたたち家族も一緒に。僕のベッドの縁に腰掛け、暗闇の中で語り続けるおばさんの声は、やさしくほほえんでいた。ミュンヘンで過ごした子ども時代の楽しい思い出を話しているときなんか、きっと目をきらきらさせていたはずだ。学校のこととか、おばさんが僕ぐらいのころに仲良くしていた友だちの名前とか、その子とした遊びとか。それからプラハの人たちのこと。プラハではユダヤ人も普通の市民として扱われていること。チェコスロヴァキア国籍のおかげで世界中どこへでも行けること。おばさんは僕を説得するような口ぶりで続けた。あなたたちもどこかの国のビザを取って、パスポートをもらわなきゃ。どこでもいいからとにかく一刻も早くドイツから脱出するの。手遅れになる前に。自分の住んでいるところの様子やいつも服を買いに行くお店、それにいつか行ってみたいパリやロンドンやニューヨークのお店の話をするおばさんの弾むような声が、長いこと僕の頭の中に響いていた。それからもっと先の、結婚して、白いロングドレス姿でダンスするおばさんの姿が見えた。心地よい闇に包まれながら、おばさんの手を頬に、唇を額に感じた。

フランツィスカおばさんは気配りがあって細やかな人だ。最初の日、おばさんの家に着いた時にはテーブルの上にもう夕食の支度がしてあった。冷製のお肉につけ合わせはザワークラウト。そのあと泊まる部屋をみせてもらうと、僕の持ってきた荷物がきちんと整理されて棚に収めてあって、ベッドのシーツはきれいに折り返されて僕にどうぞ寝てくださいと言ってくれているみたいだった。お風呂場にある洗面台の下の棚板には僕用の洗面セットが置かれ、新しい歯ブラシも準備済み。今日の朝ごはんは居間に支度してあって、僕はおばさんがきれいに畳んで寝室の椅子の背もたれにかけておいてくれたガウンを着て席に着いた。

食卓にいるのはおばさんたち二人と僕の三人だけ。おじさんのほうは昨日、夜遅く帰ってきて、今日ももう仕事へ出かけちゃったから。おじさんもユダヤ人だけど、ベルリンで実業家として仕事を続けることができている。

僕はベルリンにいるのが嬉しくてしょうがなかった。通りではクラクションが鳴り、バスやトラムの行き来する音が聞こえてくる。早く外へ行きたいなあ。すると玄関のベルが鳴った。と思ったらリリーおばさんの声がする。そう、ドロルおねえちゃんのママのリリーおばさんだ！　僕は玄関へ駆けて行っておばさんに飛びついた。

「さあビュルシ、今日から二人でいっぱい楽しいことして遊ぶわよ！　パパたちはいないし、ドロルもお嫁に行っちゃったけどね。そうそう、ドロルに赤ちゃんが生まれるの、知ってる？　あら知らなかった？　なんと、半年後にはママよ。で、私はといえばひとりぼっち。なんてね、まあ実際そんな感じよ。レヴァンドーフスキーさんがいるけど。彼の話はまた後でちゃんとするわね。そうだ、彼、キャンディの工場を持ってるの。すごいでしょう？　しかもビュルシ、あなたに遊びにおいでって！

もちろん行くわよね？　ああ、それにしても、こんなに大きくなって……」

リリーおばさんにぎゅっと抱きついて顔をうずめる。いつもの香水の匂い。僕の知っているリリーおばさんの腕の中はずっとずっと昔からいつもこの、パリの香水の匂い。おばさんは肩をつかんで僕をやさしく引き離すと、顔をまっすぐみつめて、髪に手を差し入れ、いくらかすいて整えてくれてから、もう一度抱きしめた。顔にはきれいにお化粧していて、紅い唇や、青いまぶたや、白過ぎるほっぺたを見ていると、ベルンハイマーさんの家で見た絵を思い出した。ロートレックだったか、マネだったか、それともモネだったかな。いつもごっちゃになっちゃうんだよね。でもとにかくああいう絵に出てくる女の人に、リリーおばさんは似ていた。総レースのドレスに本物の花飾りがいっぱいついた帽子をかぶって、唇にも目にもきれいにお化粧した一九世紀の貴婦人。と、胸のところに目がいった。絹のストールでぎりぎり隠れている感じ。僕は気まずくなって、おばさんに体をすりよせて床をみつめた。

*

ベルリンはまるで天国だった。ここにいると自分がユダヤ人だなんて忘れてしまう。僕は一週間まるまるリリーおばさんと過ごした。まずはおばさんの婚約者のレヴァンドーフスキーさんが持っている工場の見学に出発。到着すると、レヴァンドーフスキーさんは僕たちの待つ守衛室まで階段を駆け下りて迎えに来てくれて、子どもみたいに笑うリリーおばさんの指輪に口づけしてから、自分の仕事部屋へ連れて行ってくれた。その部屋は全部、木で出来ていた。モダンアート調にしてみたんだ、とレヴァンドーフスキーさん。いくつもの本棚とたんすと鏡が同じ一枚のオーク材に彫り込まれたような感じで作りつけてあって、隅から隅までぴかぴかにワックスがかけられている。僕は、旅行案内のポスターによく載っている大型の大西洋横断客船を思い出した。この部屋、なんだか大きな船室みたいだ。それから工場の方の見学へ。青い作業着姿の男の人たちからひっきりなしに挨拶されるレヴァンドーフスキーさん。機械室の中へ入ると、迫力のある大きな鉄製タンクがいくつも置かれていて、その中でキャンディの元になるなにかの成分がぐつぐつ煮えていた。そこへばかでかい紙の袋に入った砂糖が運ばれてきて、それを鉄製の滑り台みたいなものに空ける。そうしてタンクの中へと消えていった大量の砂糖を機械のアームが水と混ぜ合わせる。その間にも上昇していく温度。それから、目盛りのついた計器盤の針の揺れに目を光らせている作業員――こっちの人たちの作業着は白だ――にところどころ手で向きを直されたりしながら長い長いパイプを抜け、ゴム製のコンベアーに運ばれ、鉄の帯板を何段も滑り落ちるようにして、やっと長くつながった生地がみえてきた。黒、白、青に赤、いろんな色がある。生地は別の機械に細かく切断され、細かくなったキャンディをまた別の作業員――今度はみんな女の人だ――が工場のロゴが入ったきれいな包み紙にくるんで出来上がり。僕はポッケいっぱいにキャンディをもらって工場を後にした。女王様みたいに歩くリリーおばさんが近くを通ると、工場の男の人たちは気を遣って眼を伏せた。

その週は、歩いたり、トラムに乗ったり、タクシーに乗ったりしながらベルリンじゅうを見て回った。ブランデンブルク門やあちこちの大通り、美術館に博物館。ポツダムにあるフリードリヒ二世の宮殿にも行った。カフェで生クリームの乗ったココアを飲みながらオーケストラの生演奏を聴いたり。あれはジャズね、とリリーおばさん。アメリカの映画も観た。ミュージカル・コメディとかいうんだって。それからリリーおばさんとフランツィスカおばさんは揃って僕たち二人をベルリンの駅まで送ってくれた。とうとう特別なバカンスもおしまいだ。そこで僕はようやく、パパの病気のことや、これからミュンヘンに帰ること、帰ったらまた学校へ行かなきゃならないことを思い出した。前みたいな生活がまた始まるんだな。ヒトラーの家を正面に眺めながら。

＊

ママがピアノを弾いている。家中なんだか薄暗い。半開きになったママたちの部屋のドア。パパはベッドに横たわって、眠っていた。髪がくしゃくしゃで、おじいちゃんみたいにみえる。もう一週間も起き上がれないままだ。パパのご飯をお盆に載せてベッドまで運ぶのは僕の役目。そばに腰掛けても、パパはやっぱり黙ったまま。薬の臭いが家中にただよっていた。空はどんよりとして雨も降っている。ママの弾いている曲はなんだか不吉で、気味が悪い。天井の寄せ木がギシギシ鳴る音と、外を吹き荒れる風の音が響いている。もう学校になんて行きたくないけど、家にいるのはもっと嫌だった。することはないし、パパもママも暗い顔をしているし、友だちもきょうだいもいなくて、僕はひとりぼっちだ。住み込みでやってきたあのおねえさんはほとんど家にいなかった。うちに来たばかりのころはまだ僕に話しかけてきたり、こっそり秘密の話をしてくれたりもしたのだけれど。私ね、本当はカトリックか、理想を言えばプロテスタントの男の人と出会って結婚して、赤ちゃんが欲しかったの。

そうすれば生まれてくる子はユダヤ人にならずにすむもの。それからしばらく経ったある日、おねえさんはこんなことを漏らした。「でも、ユダヤ人嫌いはプロテスタントがいちばんひどいんだけどね」。いまは、おねえさんにも婚約者ができて、僕にはなんの話もしてこなくなった。ユダヤ人の男の人だってことだけは知ってるけど。おねえさんたちの子どもは僕と同じ辛くて苦しい毎日を生きることになるだろう。パパがこのまま死んでしまいませんように。

＊

パパの具合は良くなって、元のパパに戻った。ビル中を動かす編集長だったころと同じくらいよく働き、どやしつけるような大声で朝から晩までいろんな指示を出している。助手の女の人を呼んで手紙の口述筆記を頼む回数もだんだん増えて、書き上がった手紙は僕が代わりに投函しに行く。しょっちゅうイライラしたり、あれこれ命令したり、電話をかけたり。今ごろは通りの向こう側のあの建物でお隣さんも大忙しなんだろうな。僕はその様子を思い浮かべた。どっちの方が忙しいかな？　もちろんヒトラーはドイツという国を丸ごと動かしているわけで、法律を変えたり指令を出したり、ラジオでがなりたてたり、イタリアの「統帥《ドゥーチェ》」の意見を聞くふりをしたり、フランスのピエール・ラヴァル首相をうまく丸め込もうとしたり、スターリンとやりあったり、大々的な工事に取り掛かり、ミュンヘンのアパートからアルプスにあるケールシュタインハウスまで直行できるアウトバーンを建設させたり、本格的にドイツ中を再軍備したり、パレードを開催させたり、おねえさんからおばさんまで人気取りをしたり、それから我が家の向かいのあの部屋の中で絶えず行ったり来たりしてみたり。うちのパパの方も四六時中新しいアイディアを思いついて忙しいみたい。そして思いつくそばからどんどん紙束に書きつけたり、自分の新聞に企画を組んだり、いろんな作家と連絡を取り合ったり、抗議文書を書いたり、知り合いの弁護士や大学の先生なんかに片っ端から、現役の人からお年寄りまで電話をかけまくったり。ごはんはスープを書斎に持ってこさせてかき込みながらとにかく仕事。鉛筆を耳の上にのせ、くわえ煙草のまま受話器を首と肩のあいだにはさむようにしてしゃべり続け、ひたすら反ヒトラー活動に打ちこんでいた。「とにかく、まだやれるうちはね」。パパが連絡を取り合っている仲間たちは世界中いろんなところにいる。パレスチナ、ロンドン、パリ、ニューヨーク、ローザンヌ、ローマ、そしてベルリン。前みたいにミュンヘンの町中にも出かけて行くようになって、公園で誰か人と会ったり。

もしも、できたとしたら。あの「総統《フューラー》」を引きずりおろすことが本当にできたとしたら。

毎朝、僕が目を覚ますころにはパパはもう起きて仕事をしていた。おはようを言いに部屋へ行くと、眼鏡ごしにかすかに僕の方へ目を向け、上の空でキスだけしてまた夢中で新聞の続きを読み始める。机の上に広げられた世界中いろんな国の新聞。ママにニュースを解説して、自分の考えている対抗策を話して聞かせたり。それからやっぱり、手紙を書きまくる。知り合いという知り合い全員に。いまはナチですっかり偉くなっちゃったけど昔はパパのお気に入りで、僕がお茶を持って行くとあんなにおいしそうに飲んでくれたカール・シュミットから、もちろんおじさん達やおばさん達にも。そうそう、いちばん上のリオンおじさんはつい最近、新しい本の取材でスターリンに会ったらしい。

「新聞に載っていた例のインタビューを読んだけどね、リオン兄さんがどういう方向で本に書くつもりなのか目に浮かぶよ！」大声でママに話しかけるパパ。「兄さんはわかってないんだよ。スターリンが国民の善き父？　まったくおめでたいんだから！」

出かけていくときのパパは足早で、向かいに住むあの男が着ているのと同じスーツ姿。もちろん将軍気取りの仮装をしていないときのあいつと、って意味だけど。僕は同じ格好をしたふたりが差し向かいで討論したらどっちが勝つだろうと考えた。

*

いよいよ今日は僕のバル・ミツバの日。ひとりで祭壇の前に立つ僕。入り口を背にして左側のベンチに男の人たちがすわっていて、パパは最前列にいる。右側のベンチが女の人たちの席で、ママもそっち。シナゴーグは人でいっぱいで、僕には誰が誰だかわからなかった。グラーザー師に教わった聖歌をうたう。パパの視線を感じる。パパによれば、今日から僕も一人前の男になるらしい。

（1）œuf à la coque（ウフ・アラコック）という調理法で、ヨーロッパでは非常に親しみのある伝統的な食べ方。とろとろにゆでた卵を卵立てに立てる→殻の頭頂部に穴をあける→その穴から細切りのパンを差し入れ、とろとろの黄身につけて食べる。

（2）旧約聖書「第一サムエル記」に登場する羊飼いの少年ダビデは投石器を使い、巨人兵士ゴリアテを打ち倒してみせる。

1938

奴らの至高の能力を、我々は知らずにいたのだ。汲めども尽きせぬ泉のごとく湧き上がるその無駄口、あるいは惚れ惚れするような嘘の腕前である。

ついに私は奴らを憎むようになった。

（『我が闘争』より。引き続きユダヤ人性についての論評）

我が家ではクリスマスのお祝いをしなくなった。以前はうちのパパとママも、僕がみんなみたいにサンタクロースを信じるようにっていろいろしてくれていたのに。クリスマスの週ともなるとローズィは毎日大忙しで、色とりどりの紙やフェルトを切り抜いて飾りを作ってくれた。それからママと二人で扉に柊をさして、家中の窓にはリボンをかけて。もう遥か昔のことみたいだ！　学校からの帰り道、みんな少しでも早く家族の団らんに戻りたくて寒い中を足早に通り過ぎて行く。あちこちの家の窓という窓からろうそくの明かりがもれて、花飾りや紙吹雪で覆われたツリーも見え隠れしている。向かいのあの家にも、煌々と明かりがともっていた。いったい、誰といるんだろう？　ひとりかもな。家族はいないはずだもの。それともヒトラーの代わりに表札に名前の書いてあるヴィンターさんていうお世話係の女の人、あの人といるのかな。ＳＳの兵士たちはいつもと変わらず警備中。全員お馴染みの顔だ。ＳＳの黒い制服は満月に照らし出され、帽子の庇部分やブーツの革がつやつやと輝いている。磨き込まれた自動車のボディも。星のほとんど見えない夜にまぎれるＳＳの兵士達。三階の窓のカーテンにいくつかの人影がゆらめく。あの部屋で、あいつのアパートの中で一九三一年、姪のアンゲラ・ラウバルは自分で自分の胸を撃って命を絶ったんだ。何年か前までは「総統閣下」の恋人や愛人の噂話もあることないこと好き勝手に飛び交っていたものだった。外国のいろんな新聞でもヒトラーの私生活がさかんに書き立てられていた。けど、そういう新聞や雑誌はいまではぜんぶ発禁になった。あの時パパとママが(僕が眠っていると思いこんで)話していたこと、まだ覚えてる。「ゲリ」っていうニックネームのその人は、確かヒトラーの婚約者だったはずだ。ヒトラーには母親の違う姉がいて、ゲリはその人の娘。ゲリを最後に、ヒトラーは恋人と一緒に暮らさなくなった。噂では部屋もまだそのままになってるらしい。死んで翌朝発見された時のままに。それから、ゲリはヒトラーを「総統閣下」とは呼んでいなかったとか。だってまだその当時は総統じゃなかったからね。でもそれじゃ、なんて呼んでたんだろう？　「おじさん」とか「アドルフおじさん」とか？　それか「アドルフ」を縮めて「アルフ」かな……わかんないけど。

ヒトラーは他にも自分の運転手のお姉さんが好きだったとか、友だちの妹とつき合っていたとかという話だし、専属カメラマンのハインリヒ・ホフマン――僕も家を知ってるあの人だ――の娘をくどいていたとか、リヒャルト・ワーグナーの義理の娘に迫ったなんて噂もある。さらにさらに、イギリス人のユニティ・ヴァルキリー・ミットフォードと愛人関係だったんじゃないか、とかなんとか。でもどの人も結局は違う人と結婚した。そういえば小さいころうちのいとこが、ヒトラーの恋人が窓辺で裸でいるのを見た！　って騒いでいたことがあったな。ハインリヒ・ホフマンのアシスタントだったっけ。関係ないけどホフマンて、自分で撮った「総統閣下のお写真」を自分の店のショーウィンドウに得意げに並べてるんだよな。あとそれから、ドロルおねえちゃんのアイドルだったレニ・リーフェンシュタールも、つき合ってたけどうんざりして別れたとか――まあでも、実際はヒトラーの方がふったのかもしれない。リーフェンシュタールのおばあさんか誰かにユダヤ人の血が入った人がいたらしいから。とにかく、ヒトラーは女の人にすごくもてていたみたいなのに、今はひとり暮らし。ところが毎週水曜日のお昼には、どこからか若い女の人が二〇人くらいやってきて食事会を開いている。どの人もきちんと昔ながらの正装をして。聞いた話だと、ヒトラーは女の人たちとは別のテーブルにひとりですわり、野菜とじゃがいもだけの食事をとるらしい。コンサートに行けばヒトラーの両側の席は空けておく決まりになっているとか。いつもほざいてるからな。自分の伴侶たる存在はただひとつ、ドイツだけだって。

そんなわけで、今晩あいつはひとりでいるはずだ。通りの端に面した窓が煌々と光っている。あいつの家にはもみの木のツリーはあるんだろうか。うちには、ない。

ママは月曜からずっと雑誌に載っている広告や宣伝を眺めてばかりいる。イタリアのリグーリア海岸沿いの町サンレーモや、ルガーノ湖のほとりカンピオーネに立ち並ぶ豪華ホテルの数々。中にはカジノルームのついたホテルもある。ルーレットとかバカラ、トランテ・キャランテができるらしい。コンサート・ルームでは毎日のようにオペラや喜劇、レヴューの公演、オーケストラによる演奏会、バレエ、ショーにパーティー。さらにさらに「一八ホール完備」のゴルフ場まで。広告には「ヨーロッパでも他に類をみない極上のゴルフクラブとレストラン、そしてショーの数々をお楽しみいただけます」という宣伝文句も添えてあった。ママがとりわけ欲しそうにみつめていたのは、若い女の人が「他社には決して真似できない」口紅をつけている写真。僕はオートシャープペンシルか、「残りのインク量が目で見てわかる万年筆（予備つき）」がいいな。それかコダトイ（Kodatoy）っていう映写機（有名なアンティーク映写機。トーキー仕様）。家の中で映画館にいるみたいにして映画が観られるんだ。パパかママが免許を持っていたら、車を買うっていう手もあったんだけど。それもただの車じゃなくてレーシングカー！　レーシングカーといえば、マルコム・キャンベル卿っていうイギリス人のレーサーがもうすぐアメリカのどこかにある平原で愛車の「ブルーバード」に乗って時速五五〇キロ超えに挑むんだって。ロールスロイスと同じエンジンを積んでるから最高で時速五七七キロも夢じゃない。世界最速の車かあ。あーあ、本物が見られたらなあ！

明日はクリスマス当日。プレゼントは、もしかしたらもらえないかもしれない。それと、今年はドロルおねえちゃんもいない。赤ちゃんが生まれたから。住み込みのおねえさんは婚約者の男の人の実家で晩餐会。家にはパパとママと僕の三人だけ。僕たちは黙りこくったまま食事をした。食器のカチャカチャいう音だけが響き、外の音が妙によく聞こえてくる気がした。食事中にラジオをつけるのはママが許さなかったし、政治の話をするのはパパが嫌がった。だから、誰も口を利かなかった。僕はさっさと寝てしまいたかった。バル・ミツバを終えてから、僕はクリスマスのお祝いなんてなんの意味もないと考えるようになっていた。だって、ユダヤ教のお祝いでもないし、もうドイツ民族の一員とみなされていない僕たちにとっては民族の伝統行事でもない。それならお祝いごっこなんかしてどうなるっていうんだ？

一九三七年の一二月二五日はいつもとなにも変わらない一日だった。プレゼントはなかった。毎日がどんよりと味気ないまま過ぎてゆく。生きていて楽しいと感じることはなくなった。どこからも話し声のしなくなった建物。僕はもうおやつにフンクのところへ寄らなくなったし、フンクもうちへ上がってくることはなくなった。最後にボビーおばさんがうちに来たのはいつだったかもう思い出せない。そこかしこに漂う不穏な気配は、窓の下から潜り込む一月の凍てつく風のように僕たちのところまで届く。

ダッハウの収容所では、人間を分類して閉じ込めているらしい。コミュニストはこっちでカトリックはそっち。同性愛者はあっちのバラック、ジプシーはまた別の場所という具合に。ナチスに従わないユダヤ人も捕まっている。収容所に送られたら殺されるんだという人もいれば、そこまでひどい扱いを受けてるわけじゃないらしいという人もいる。誰を信じればいいんだろう。このあいだ、道ばたでおばあさん二人がおしゃべりしていた。一人はこんなことを言っていた。

「だいたいね、刑務所くらいヒトラーだって入ってたんだから！　それにそう悪くもないらしいのよああいうところの暮らしって。大学なんかへ行くよりよっぽどいいって本人も言ってるし、『我が闘争』だって刑務所の中で書いたわけでしょう。なんだってそうなんでもかんでも悪い方にとらえたがるのかしらね？」

このごろのパパとママは毎日口喧嘩ばかりしていて、言うこともくるくる変わる。行き先はどこでもいい、とにかくすぐにでもドイツを出て行こうと言っていたかと思えば次の日には、やっぱりここにいるのがいちばん安心だから、とか。既に出て行ったユダヤ人は一二万人、これはドイツに住んでいたユダヤ人の五人に一人にあたる。ママの希望はフランスかイギリスだった。

*

「ユダヤ人が首相になれる国でしょう。それにもう二万五〇〇〇人もあっちに移住してるんだから」

「あのねえ」やれやれまたか、といった調子で答えるパパ。「そうやってドイツから移住していった人たちの大半はビザもなくて、いつどこへ収容されるかもわからず怯えて暮らしてるんだよ。当のフランスにいるリオン兄さんが手紙にそう書いてきてるんだから。それに、そううまい話があるはずないことぐらい君もわかってるだろう。そもそも近代の反ユダヤ主義はあの辺が発祥の地じゃないか。フランスのジョゼフ・アルチュール・ドゥ・ゴビノーとかいう異常者の頭の中で生まれて、イギリスの狂人ヒューストン・ステュアート・チェンバレンの頭の中で育ったんだ。アーリア人種という理論そのものをでっちあげたのもあいつさ。そしてヒトラーはそこからヒントを得た。もっとも、そのチェンバレン大先生はドイツ人をアーリア人種の内に入れていないのに、そのことは都合よく忘れてね」

パパは引っ越すならアメリカを考えているらしい。

「ここ最近でアメリカに移住したユダヤ人同胞は一万五〇〇〇人、今じゃ世界一ユダヤ人の多い国だ。いいかい、アメリカ中で四五〇万人もいるんだよ。ニューヨークに住んでいる人の四人に一人はユダヤ人って計算になるな」

問題は、どうすれば三人分のビザが手に入るのかだった。パパは毎晩のように移住先の候補リストとにらめっこしていた。

ポーランドに暮らすユダヤ人の数は三〇〇万人。全体の人口の一割で、常に差別され、小さくなって暮らしている。オーストリアはたったの二〇万人しかいなくてポーランドよりもっとひどい扱いを受けているらしい。ロシアではユダヤ人の数が二七〇万人にまで膨れ上がった結果、虐殺が起きた。それにコミュニストの国だ。スペインにも四〇〇〇人いることはいるけど、あそこは内戦の真っ只中。

ただひとつ、パレスチナだけはダメという点ではパパもママも一致していた。二人していろんな本や雑誌をありったけ読んで調べた結果、ユダヤ人は世界中に一五八〇万人いて、そのうち商業の分野で働いている人が三八・六%、工業が三六・四%、個人事業主が六・三%、農業が四%、執事やお手伝いさんなど使用人が二%、そして働いていない人、つまり不労所得のある人や年金で暮らしている人、生活保護を受けている人などが合わせて一二・七%。

「こんな数字、到底信じられないね！」とパパが声をあげた。

そうして、なにひとつ変わらない日々が続いていく。僕は学校と家の往復。お向かいさんも相変わらず、ミュンヘンとベルリン、それにアルプスの山中にある例のケールシュタインハウスとを飛び回っている。夜になるとラジオから聞こえてくるあいつのがなり声。たまに、朝すれ違うこともあった。僕たちの生きられる世界が狭まっていくのと反比例して、あいつの世界は大きくなっていく。僕はひたすら自分の中に逃げ場を求めた。本を読み、空想に浸って、頭の中で旅をした。

*

ヒトラーも通っているあの歯医者さんの向かいでしばらく前から工事していたハウス・デア・ドイチェンクンスト(ドイツ芸術の家)は去年、僕がベルリンから帰ってくると完成していた。開館以来、「退廃芸術」を生み出してドイツ民族の高貴な魂を汚した作家たち、というテーマの特別展をやっている。こんなにいっぺんに観られる機会はもう二度とないかもしれないから、とママも出かけて行った。そうして帰ってくると詳しく話して聞かせてくれた。あの巨大な建物の外壁に沿ってすごい行列ができていたこと、館内にはダダイズムやキュビズム、表現主義、野獣派、印象派、シュールレアリズムに未来派の作品の、それも原画が展示されていたこと、シャガールとかエルンストとかクレーとかピカソとか、昔からママとパパの話によく出てくる人たちの絵もあったこと。

その週は、ミュンヘンでは毎年恒例の春祭りをやっていた。昔風の花車が通りに列をなし、「ウェスタの巫女《みこ》」みたいなチュニックを着た若い女の人たちが風にのせて花びらをふりまいている。ママと僕は窓の手すりにつかまり、タペストリー(ドイツの芸術祭には必ず掲揚しなくてはいけないと決められているやつ)に隠れるようにしながらその行列が行き過ぎるのを眺めた。若い人たちはみんなローマ人の仮装をして、スパルタ人風のサンダルをはき、やわらかな初夏の陽気の中をしずしずと歩いていた。パステル・ブルーだった空がくっきりとした薔薇色に変わってゆく。あのお祭りのことを思い出すといつも、ママが熱心に語ってくれたいろんな絵の記憶も一緒によみがえってくる。通りをはさんで反対側にある、向かいの建物のバルコニーを目指して、大量の腕が伸びていた。ふと、あいつの影が横切った。

アドルフ・ヒトラー。オーストリア生まれのくせにドイツを支配している男。子ども時代は農村で育ち、大きくなってからはウィーンで美術を学んだ。ウィーンてどんなところなんだろう。画家になりたかったってところは「公爵」と同じだな。ボビーおばさんの家へ遊びに行くとそこいらじゅうに公爵の絵がかかっていたっけ。描き途中の絵に一筆入れさせてくれたこともあった。公爵はおっかなびっくりの僕に、どれでも好きな色の絵の具をつけてごらん、と言って、その筆を自分の描いていた印象派風の風景画にぽちっとつけさせてくれた。公爵と、そして「退廃した」芸術家たちと同じで、ヒトラーも風景画を描くのが好きだった。ウィーンでは芸術家の友だちが何人もできて、その中にはユダヤ人もいて。母親が死んだあと――父親はそのもっと前になくしていた――それまでなかったような失敗や挫折をいくつも経験し、お金もなくなり、誰にも認められないまま過ごしたのもウィーンだった。そのころの屈辱的な体験が原因であんな凶暴な男になったんだろうとパパは言っている。そう考えると真のナチズム誕生の地はウィーンということになるのかもしれない。それに、ヒトラー人気はあっちのほうがドイツよりもっと熱狂的といっていいくらいだし。ここ数日、どっちを向いてもみんなオーストリアの話ばかり。クラスメートも、ラジオのアナウンサーも、通りで売っている新聞も。家にいればパパとママが、外に出ればトラムに乗っている人たちが……それに世界各国の大統領や首相も、オーストリアのことをすごく気にしている。

家に帰ると、パパが知らない男の人と書斎でおしゃべりしていた。ドアを開ける僕の方を同時に振り返る二人。

「息子です」パパはそれだけ言って、向こうのことは紹介してくれない。

とても背が高くて、なにより驚くほど洗練された雰囲気の人だった。すらりと伸びた足を組み、その上にほっそりしなやかな両手をのせている。パパは話の続きに戻った。

「ヒトラーはオーストリアとドイツが昔みたいにひとつになったらいいと考えてる。ラインラントの件はうまくやったもんだ。オーストリア人の中にも自分たちの元同胞が唱える誇大妄想じみた覇権主義に宗旨替えした人間がたくさんいて、そいつらがこぞって支持してるからね。ムッソリーニも以前は反対していたが……今じゃなんにも言わなくなった。それどころか、日に日に我らが「総統閣下」のお考えに近づいてきていらっしゃるご様子だ。なにしろイタリアでもここと同じようにユダヤ人の権利を制限しはじめたんだからね。フランスもイギリスもアメリカもみんな表向きはオーストリア併合に反対の立場をとってる。だけどね、ラインラント進駐の時だって、結局どこもなんにもしなかったじゃないか。今度もどうせ同じさ」

僕はそっとパパの書斎から出て、自分の部屋へ行きベッドに寝転んで本を読み始めた。それから少しして、ドアを開け閉めする音が聞こえ、今日の仕事は終わったんだな、と思った。そうして、読書を続けた。

＊

何年かぶりに、地鳴りのような音で目が覚めた。

前になにかで読んだけど、地震というものが起きると家の中の物がガタガタ音を立てて、シャンデリアはゆらゆら揺れたり、ひどいときは落っこちたり、他にもガラスが割れて粉々になって道ばたに散らばるようなことまであるらしい。そこまで地面が揺れれば家自体にもひびが入って、崩れて、最後にはめちゃめちゃに倒壊してしまう。大きな建物でも教会でも無事ではすまない。一九三四年六月三〇日の夜中、SSがSAを排除してヒトラーがベッドにいたレームを捕まえさせたあの日、部屋の窓格子が震え、ガラスの上を無数の雨粒がどんどん流れていた。ベッドから出て外の様子をうかがうと、盛んに動き回って出動の準備をしている兵士達。すさまじいエンジン音に起きだして窓辺に張りついている通り沿いの住民達。そして向かいには、霧の中に立つ灯台のような、ヒトラーの部屋の明かり。ヒトラー本人が出て来てベルリン型馬車に乗り込み御者に合図を出す場面こそ目撃しなかったけれど。兵士達の一団は轟音とともに湖目指して走り去った。

そして今日の朝は金属のガチャガチャいう音、しわがれくぐもったいくつもの声、爆音のような車のエンジン音にドルルルルルというバイクのモーター音まで加わって家中の窓を震わせている。一九三四年六月三〇日のあの夜と同じ気配に、あたりの建物の窓という窓に明かりが灯り、カーテンに浮かぶ人影は皆、通りの角の方を息をひそめてみつめている。突き当たりの左側、プリンツレゲンテン広場の前に建つドーム型の建物の角っこ、そのバルコニーの向こう側に、あの男の家の居間と書斎と寝室があって、近所中の家と同じくやっぱり明かりが灯っていた。ヘルメットをかぶり制服に緊張感をみなぎらせた兵士達が、並んだ車になにか積みこんでいる。気がつくとパパとママも起きてきて、レースのカーテン越しに外の様子をうかがっていた。突然、聞いたこともないほどの爆音がしたかと思うと、車が一台、また一台と動き始め、やがて一団となって黒煙を巻き上げながら通りの彼方へ消えて行った。その音がまだ耳の中で鳴っている。ママは顔をパパの腕にうずめた。僕は二人に体を押しつけた。巻き毛をすいて、首を優しくなでるパパの指を感じながら、僕は目を閉じた。

＊

我らがドイツは昨日の土曜日、オーストリアに攻めこんだ。国境を越えウィーンまで進軍してきたドイツ軍を、オーストリア人は花を飾り、ナチスの旗を立てて歓迎した。クルト・フォン・シュシュニック首相はヴィルヘルム・ミクラス大統領に辞職を願い出て受理された。パパは小馬鹿にしたような鼻声で口まねをしてみせた。

「オーストリア政府は、この最悪の状況にあっても、我らが国民の血を一滴たりとも流すことをよしとしないものであり、従いましてドイツ軍に降伏の意を表しました。またこれに伴い、オーストリア軍には一切の抵抗を放棄するよう厳命いたしました」

新しい首相にはオーストリア・ナチスのアルトゥル・ザイス゠インクヴァルトが任命されたそうだ、とつけ加えてからパパは、新聞や雑誌から仕入れた情報や、オーストリア、ベルリン、ロンドン、パリから仲間が知らせてくれた話を教えてくれた。まるで映画でも観ているみたいだ。一六時、僕たちの目の前で霧の中に消えて行ったあのメルセデス・ベンツＧ４の助手席に立って、ヒトラーは生まれ故郷のブラウナウ・アム・インへ凱旋《がいせん》した。イン川を挟んで対岸にドイツを望む国境のその村で、ヒトラーの父親は税関職員をやっていたらしい。パパは吐き捨てるように言った。

「まったく、国境に執着するのは親譲りってわけだ！」

一九時になると九歳から一六歳まで通った学校のある町・リンツへ。夜は村役場のバルコニーに立って正面の広場に手を振り、拍手喝采を受けた。翌日の日曜日はリンツに残り、子ども時代に住んでいたレオンディンクの家を訪ねたあと、花束を手に両親のお墓参り。月曜日にはまた車の助手席に陣取ると、そっくり返って右腕をぴんとのばし、大観衆がちっちゃなナチスの旗を振りながら自分の名前を叫んでいるのを横目にメルクからザンクト・ペルテンを横断して、一八時にはインペリアル・ホテルに到着。今度はホテルのバルコニーから「何人も今日のこのドイツ帝国の在りし姿を二度と再び引き裂くことはできない」と絶叫。火曜日には二五万人もの人がヒトラーの演説を聴きに英雄広場へおしかけた。オーストリアはオストマルクという名前をつけられてドイツの州のひとつになり、アルトゥル・ザイス＝インクヴァルトが国家代理官に任命された。ヒトラーはオーストリアへ攻め込む前に、自分の家で自殺していたあのゲリのお墓へ黙禱《もくとう》を捧げに行ったらしい。ゲリのお墓には簡素な木の立て札があって、そこにはただ「愛しきゲリ、ここに眠る。彼女は私たちみんなにとって太陽のきらめきだった。ラウバル家一同」とだけ記してあるそうだ。ウィーンのユダヤ人は昼間から店を襲われ荒らされたあげく、通りに引きずり出されて無理矢理ひざまずかされ、通りかかった人たちから口々に「ユダヤ人なんか死んでしまえ！」と罵声を浴びせられた。

＊

ヒトラーは寄り道せずまっすぐミュンヘンへ戻ってきた。到着の日は混雑に備えてミュンヘン駅からうちのすぐ前までバリケードが立てられていた。僕たちが家の中で息をひそめたまま外を眺めていると、遠くから長い長い行列がやって来て、正面入り口の階段のところで止まった。ヒトラーはあたりにパラパラと散らばっている野次馬たちのグループへ向かって申し訳程度に挨拶してみせてから、玄関ホールに消えて行った。僕は人があまりに少ないので驚いた。ドイツ中でいまだに新聞の一面を飾り続けているオーストリア人のあの人波とは、まるでかけ離れていた。

*

オーストリアがドイツに併合されてもうすぐ一カ月になる。イギリスのチェンバレン首相は、今は「拙速な決断を下したり、不用意な言葉を口にする」べき時ではないと声明を出した。それから「状況を、冷静に見極めなければならない」とつけ加えた。

「で、結局なんにもしないままだ。フランスやアメリカと同じだよ」とパパ。

オーストリアとドイツでは国民投票が行われた。議題は「一九三八年三月一三日をもって布告されたオーストリアのドイツ帝国への再統合を承認するか、また我らがアドルフ・ヒトラー総統率いるナチス党を支持するか」で、ドイツでは「はい」と答えた人が全人口の九九・〇八%、オーストリアはもっと多くて、九九・七五%にも上った。

噂では、オーストリアのユダヤ人、社会民主党員、キリスト教民主党員、そしてコミュニストはみんな逮捕されて収容所へ入れられるか、ドイツへ送られてミュンヘンの近くのダッハウ収容所へ閉じ込められるかしたらしい。その人たちはいったいどうなってしまったのか。いつ出てこられるのか。どんな扱いを受けているのか。家族には一切知らされないそうだ。外国の新聞はオーストリア併合について、主要国の首脳はナチスが新たに他の国への侵攻も計画しているのではないかと気を揉んでいる、と書き立てていた。けれど僕たちのことは相変わらず徹底的に無視されていた。昨日はドイツ芸術の日。今年もまた「アーリア民族の進歩発展の歴史」を表現するべく各時代の衣装で仮装した人たちの行列が通りを練り歩いた。そうしてその日、ナチスは僕たちのシナゴーグの解体作業も終えた。

「きっとオステリアで食事するときに邪魔だったのさ。背を向けてすわったところで、店の正面にあの立派な建物がそびえていると思うとどうにも食べた気がしなかったんじゃないか」パパはふざけて言った。

僕たちはシナゴーグのあった場所へ行ってみた。なにもかも影も形も無かった。ただの、巨大な空き地になっていた。僕の小さいころからの思い出の場所が。どうして僕たちはまだここにいるんだろうか。もう自分たちの国じゃないのに。学校に僕と口を利く人は誰もいなくなった。朝行って、夕方になると帰るだけ。授業中は、勉強する。休憩中は、本を読む。もう人より目立ったりしたくない。こっちを見られるのも嫌だ。僕は目に見えない存在。ラルフも他の人たちも全員、僕をいないものとして扱うようになった。前に出て問題を解くように言われることも決してない。僕は透明人間として、他の生徒とも先生たちとも目を合わせずに学校生活を送るのがとてもうまくなった。体育の時間、ロープの結び目に足をかけてよじ登るのは僕がクラスでいちばん速かったけれど、わざとゆっくり登るようにした。とにかくみんなに僕の存在を丸ごと忘れておいてほしかった。脱出を実現させるその日までは。行き先はチリになるかキューバになるかそれともアルゼンチンか、わからないけどユダヤ人を受け容れてくれるのはもうあのあたりの国だけだから。それも、お金を出してビザを買えば、の話だけれど。

　アルゼンチンで外交官をやっているパパの友人の話では、一刻も早くドイツを脱出しないとじきにヨーロッパ大陸は丸ごとナチスはじめファシスト連中の手に落ちるだろうし、そうなったらユダヤ人が安全に暮らせる場所なんてどこにもなくなる、とのことだった。新聞によるとイギリスでも最近、極右が人気になりはじめているらしい。

「そこまでひどいのか」とパパ。「となると、アメリカもやられかねない？」

すると、よく晴れた昼下がりにふらりとパパのところへ立ち寄ったその外国訛りの男の人は、「r」の音をバイエルン訛りっぽく巻き舌にしながら一言、こういった。

「ありうるね」

＊

　ヒトラーは全ドイツ国民が車を持てるようにするためのプロジェクトを開始した。正確には、全ナチ党員が、という意味だけれど。このプロジェクトはナチの党員ならすぐに参加できるようになっていて、そのためにはまずＫｄＦ〔「歓喜力行団」。喜びを力に変える、の意〕に申し込むところから始める。

ＫｄＦはＤＡＦ〔ドイツ労働戦線〕という、ナチスが一九三三年五月一日にドイツ中の労働組合を解散させたあと代わりに作った組織の一部で、僕はちょうどその日、授業で絵を描かされたのを覚えている。たぶんママはまだどこかにとっておいてくれてるんじゃないかな。ボリシェヴィキのハンマーの上からナチスの鉤十字を描いたあの絵。ナチスの方が偉い！　と書いたあの絵。ＫｄＦに入っているとほとんどタダみたいな値段でバカンスへ行けるとかで、今までにもう二万五〇〇〇人以上の人が参加しているそうだ。ただしユダヤ人はゼロ。当たり前だけど。パパの話だと、バカンスといってもお金を払ってＫｄＦの施設に行くらしい。で、大きいだけで全然おしゃれでもすてきでもない宿舎に詰め込まれて、昼は狭い狭い浜辺でぎゅうぎゅうになりながら日光浴。参加者同士グループになって体操までさせられるんだって。それから、ヴィルヘルム・グストロフも完成した。これは全ドイツ人に一生に一度はクルージングを、という目的でＫｄＦのために造られた豪華客船。全長二〇八メートル以上、高さは二三メートル。うちのアパートとほとんど変わらない大きさだ。そんな船、うちの前に停めたら通りがぜんぶ埋まっちゃうな。ちょうどいいからそこを橋みたいに渡って行ったら、真ん中でヒトラーとばったり出くわしたりしたりなんかしてね。

　それはともかく、そのＫｄＦが今度は加入者全員に自動車をもたせてあげようというわけ。その名もＫｄＦ・ワーゲン。てんとう虫みたいに丸っこくて、なんだか空でも飛びそうなデザインだ。四人乗りで最高時速一〇〇キロ、なのに値段は一〇〇〇マルクにも届かない、ぴったり九九〇マルク。ヒトラーが自分でレストラン――きっとオステリアだな――のナプキンに描いたデザインを、昔メルセデス・ベンツで働いていたフェルディナンド・ポルシェという技術者にみせ、いろんな注文をつけて、それをもとに開発を進めさせているとか。ポルシェはヘンリー・フォード――ちなみにこの人もヒトラー支持者だ――が考えだした大量生産の方法を学ぶためにアメリカへ行った経験もある。KdF加入者は今のうちから口座を開いてお金を入れておくと、そこから毎週五〇マルクずつ引き落とされて、満期になったらあとは配達料の五〇マルクさえ払えば自動車が届くという仕組み。そのころには長さ何千キロメートルにもなるアウトバーンも完成しているだろう。屋根の部分にはサンルーフがつくか、もしかしたら開閉式の幌になるかも。エンジンをシャーシ後部に積むという設計も史上初。そして飛行機のコックピットをヒントにした内装。パンフレットだけなら僕の家にもあって、そんな具合に新型車の説明がびっしり書かれていた。それと一緒に、制服を着た若者たちの大観衆に見守られて試作品第一号の到着を祝うヒトラーの姿や、大きくてぴかぴかの工場の写真、そして険しい山道をよじ登っているワーゲンの絵も、カラーで載せられている。決して僕たちの手には入らない車の絵。ユダヤ人はKdFには入れないから。でも、いつかドイツを出ることができたら？　とにかく、ここではないどこかへ行ってしまいたい……。

＊

「チェンバレンはバカンスを取る時、他の国へ行く。ヒトラーはバカンスへ行く時、他の国を獲る」。パパは「総統閣下」にまつわるジョークを集めていて、ロンドンで流行っているらしいんだよ、と教えてくれた――でもたぶん、パパが自分で考えたやつだと思う。変な話だけど、パパは辛そうなときほどよく冗談を言うような気がするから。僕たちは、居場所が小さくなるにつれて孤立していき、家の中でばかり笑い合うようになっていった。

＊

ここ数日、チェコスロヴァキア侵攻が話題になっている。ベラおばさんのいるあの国だ。僕は行ったことがないけれど、今やドイツの一部になったオーストリアと国境を接していて、ドイツ語を話すドイツ系の住民が五〇万人いる。一九世紀にボヘミアの王様がドイツから呼びこんだ労働者の子孫で、そのほとんどがズデーテン地方かカルパティア地方に暮らしているそうだ。オーストリア生まれのヒトラーは、その人たちもみんな自分と同じ完全なドイツ人だと言っていて、チェコのナチス党員も同意見だった。

「週末になるとダラディエは教会で信仰を深め、ヒトラーは境界で侵攻を深める、と」

ヒトラーが「チェコスロヴァキアで抑圧にさらされているドイツ同胞を解放するために」ズデーテン地方の併合を要求している、という新聞記事を読んで、パパはまたそんなことを言った。

「なあ、これは見物だよ」ママに向かって冷やかすように呼びかけるパパ。「お向かいのヒトラーさん、どうやらオーストリアの時と同じようにやってみせてくれるようだ。コンラート・ヘンラインとかいうあの、ズデーテン・ドイツ共同戦線の党首……ああ失敬！　今はズデーテン・ドイツ人党という、より穏やかなお名前に変わられたんでした！　まあとにかくだよ、そのヘンラインていうズデーテンのナチは民族自決権を標榜《ひょうぼう》して独立を要求する見込みで、そこへ我らがアディ〔アドルフの愛称〕

がすかさずチェコスロヴァキアの国境に軍隊を集合させるっていう寸法らしい。国際世論なんぞ、恫《どう》喝《かつ》してやれば一発だとでも考えているんだろう。同じドイツの血を分けたきょうだい達が花束をたずさえ救世主を心待ちにしているというのに国境を通さず世紀の抱擁の邪魔をするつもりなら全面戦争も辞さないぞ、と。ザールラントの時も、ラインラントの時も、オーストリアの時もそうだった。ズデーテンだってカルパティアだって同じようにやるだろうし、いずれチェコスロヴァキアを丸ごと手に入れたらその次はポーランドだ。事によるとフランスやオランダ、いやソ連やアメリカまで手を伸ばそうとしない保証がどこにある？　ヒトラーってやつは平和主義者とみえる。それが証拠に、戦闘を避けてドイツ国民の血を流さないで済むようにしてるだろう。オーストリアや他の地域にしても、侵略、占領じゃなくあくまでも「併合」で、武力を用いない。相手の方から差し出してくれるからさ。強気な物言いをすればそれだけで、どんなわがままも聞き入れてもらえる。まるで躾《しつけ》のなっていない子どもだよ。気に入らないことがあるとすぐ地面にひっくり返って駄々をこねて。さて、そうなると災難を被るのはヒトラーの到来とともに「純粋な血統」ではないことにされる人々だ。コミュニストや民主主義者、同性愛者に障碍者にジプシーに、もちろんユダヤ人もみんなまとめて刑務所行きさ！ウィーンでは民族浄化が始まり、このミュンヘンはダッハウの収容所に毎日毎日囚人たちが送られてくる」

「だってそんな、ヨーロッパ中から送られて来た人たち全員がダッハウになんて収まりきるわけないじゃないの！」ママが言葉をはさんだ。「もう、馬鹿なこと言うのはよしてちょうだい。それにビユルシが怖がるでしょう」

「冗談だよ、決まってるじゃないか。怖くなんかないだろう？　ビュルシ」

僕はパパにぎゅっと体をくっつけると、腕の中でベラおばさんのことを想った。プラハに移り住んで、これでもう安心だと信じていたおばさん。ベルリンで一緒に過ごしたあの時、僕にチェコスロヴァキアのパスポートを嬉しそうに見せながら、ビュルシもなんとかパパ達を説得してプラハにおいで、って言ってくれたおばさん。

「あそこには行かなくて正解だった」パパは、僕の考えていることが聞こえでもしたかのようにそう言った。ここで、「奴」の目と鼻の先で暮らしているほうが安全なわけだ。あんまりすごい高みを見据えているおかげで窓の外なんてみちゃいないから。でも、もしも僕たちの存在が知れたら！


すべてはパパの予言通りに運んでいった。ズデーテン地方では、ヘンライン率いる武装隊がいわゆる非アーリア系の住民に暴行を働き続け、チェコスロヴァキアの正規の軍隊と衝突を繰り返した。ヒトラーは状況を鎮静化するためドイツ軍を国境の向こうへ送り込むと宣言し、正式に決定された。チェコスロヴァキアと同盟を結んでいるフランスとイギリスはといえば、本来ならドイツ国防軍が一歩でも国境をまたごうものならただちに宣戦布告すると通告しなければならないはずだった。ところがダラディエとチェンバレンときたら宣戦布告どころか、なんとか格好のつく落としどころ、受け容れ可能な譲歩案をみつけたい一心でわざわざナチスの言い分を聴きにミュンヘンまでやって来たのだった。アメリカのローズヴェルトは和平交渉を求める声明を出していた。「戦争にさえならなければなんでもいいって、どこもそれしか頭にないんだよ」パパはママにそう説明した。「でもヒトラーのほうは戦争を望んでる。遅かれ早かれ実行に移すだろう。あいつの本を読めば明々白々だ」。

正式な会談の前に調停のため慌ててドイツにやってきたチェンバレンは、ベルヒテスガーデンにあるケールシュタインハウスへ迎えられた。ここミュンヘンからも数時間で行ける山間の町にあって、夏のバカンスに僕たちがよく行っていた湖からも見えるあの別荘だ。見渡す限り広がるアルプスの雄大な風景を前にしばらく散策し、野菜だけの昼食をとると、はるばるイギリスからやってきた政府の最高責任者チェンバレンは不愉快な言葉の他はなにひとつ引き出せずに別荘を後にした。会談に出席した外交官筋によると、ヒトラーはご機嫌斜めでむすっとしていたらしい。

「おおかたその辺の事務員相手になにか言いつけるような口の利き方をしたんだろう」とパパ。そして笑いながら「それどころかユダヤ人扱いくらいしたのかもしれないぞ。あいつならやりかねない」

ロンドンに戻ったチェンバレンは、フランスのダラディエ首相にも相談してから、改めてミュンヘンへ交渉に行くことを受け容れた。そうして二人は今、すぐそこの、通りの角っこにあるあの建物の中にいる。

「今度の茶番にはムッソリーニも招かれているからなあ」パパは、まるで自分も出席者のひとりとして交渉に臨むかのような難しい顔をして考えこんでいた。

今日の我が家はまるで会談の控えの間。パパの机の上に広げられた大量の新聞はどれも、ダブルの上着にナチスの腕章をつけたヒトラー、軍服姿のムッソリーニ、都会の銀行家を思わせるチェンバレン、そして白い縞模様が入ったグレーのスーツに身を包んだダラディエの四人がミュンヘンの「総統館」に集まっている写真を載せている。その他にも、相変わらず偉そうなヘルマン・ゲーリングは真っ白なスーツで着飾って手には元帥杖《じょう》。ついこのあいだ義理の父親である「統帥《ドゥーチェ》」ムッソリーニによってヨーロッパ最年少の外務大臣に任命されたばかりのチアノ伯爵の姿もある。一昨日の、つまり九月二九日木曜日に撮影された写真だ。その日の深夜、和平協定が結ばれた。

「この日を、よく覚えておくんだよ。一九三八年九月三〇日を。我が家の向かいに住む男が首相になったあの一九三三年一月三〇日と同じように。生きている限り覚えておかなきゃいけない。フランスとイギリスがチェコスロヴァキアをみすみすナチの手に投げ捨てた日として」

会談の翌日、一二時を少し回ったころ、ヒトラーはチェンバレンを自宅へお茶に招待した。ばかでかい車の行列は、大型のカザノワシが一斉に飛び立つようにして、エンジンの轟音とともに散って行った。けれど僕にとってはいつもと同じふつうの一日で、秋晴れの金曜の午後でしかなかった。僕が歩道の反対側を通って学校からの帰り道を急いでいたころ、我らが「総統閣下」は英国首相氏にうちの前の通りを案内していた。それから一行はヒトラーが政治活動を始めたばかりのころによく演説をしていたビュルガーブロイという食堂を見学したあと、一九二三年にクーデターを起こそうとして失敗したフェルトヘルンハレの広場を訪れた。記念碑の前で牧師のするように軽く十字を切り、キリストに祈りを捧げるヒトラー。ムッソリーニの方は夜中のうちにイタリアへ帰ってしまっていた。ダラディエはヒトラーの招待を辞退してさっさとパリへ飛んで帰った。そうしてまたいつも通りの毎日が始まった。

＊

一九三八年九月二九日のあの会談が終わり、チェンバレンとダラディエがそれぞれ自分たちの国で「英雄扱いで出迎えられていた」頃、我らがドイツ帝国はズデーテン地方を呑み込み、一夜にして新たに三万㎢の領土と三〇〇万人の国民を獲得した。ドイツ第三帝国による平和の治世は一〇〇〇年続くであろう、とヒトラーは言った。そうしてその日の正午、我らがドイツ軍は正式に新たな占有地を得た。その同じ九月三〇日に、ポーランドがチェコスロヴァキアに攻めこんでチェシンとザオルジェを占拠し、一一月一日には北部のスピシュとオラヴァも占領した。さらに翌日の一一月二日、今度はハンガリーがスロヴァキア地方の北部ハンガリーとカルパティア山麓側のルテニアへ侵攻して併合。たった二カ月で、チェコスロヴァキアは四万㎢もの領土と五〇〇万人の国民を失うことになった。

ここミュンヘンでは、公共の建物を訪れると入り口に必ず立て札があって、こう書かれている。「ユダヤ人立ち入り禁止」。ユダヤ人のやっているお店にはすべて、赤く塗られた「ダビデの星」で目印がつけられ、ショーウィンドウは叩き割られていた。

一一月七日。パリで若い男がエルンスト・フォム・ラートというナチスの外交官を撃った。犯人はヘルシェル・グリンシュパンという名前のユダヤ系ドイツ人。彼は自分のおじさんへ宛てた手紙に

「世界に耳を傾けてもらうためにやった」という声明を遺した。

そして今日、一一月九日。ヒトラーの専属医師による治療もむなしく、エルンスト・フォム・ラートが亡くなった。ミュンヘンでは、一九二三年のクーデター未遂事件を記念する式典が盛大に行われていた。SSが街中をパレードしていた。

ついさっき、ラジオでその外交官の死亡が正式に発表された。夜中、空はオレンジ色に染まっていた。街中に怒号や、爆発音、ガラスを叩き割るような音がひっきりなしに響いていた。ママはなにも言わなかった。

パパの顔から血の気が引いている。電話のベルは鳴りっぱなし。震える声で、なんとか冷静さを保ちながら、電話の向こうで起きているらしいことをママに伝える。

「ヘァツォーク・ルードルフのシナゴーグが燃えてるらしい。ユダヤ人の印がついた店は片っ端から襲われてめちゃくちゃにされてるって。ミュンヘンだけじゃない。マールブルク、テュービンゲン、ケルン、ライプツィヒ、エスリンゲン、トロイヒトリンゲン……他にもドイツ中いたるところで。それからオーストリアの方でも、ウィーンでシナゴーグがあちこち放火されたり、墓地が暴かれたり、ユダヤ人が殺されたりしているそうだ。女性もお年寄りも子どもも見境なしだって。逃げよう」

「でもあなた、そんなことできると思う？　外を見てごらんなさい、みんな完全におかしくなってる。それに、いったいどこへ逃げればいいの？」

「それは明日考えよう。電気を消して、カーテンを閉めて、ドアに鍵をかけて今夜はもう休むんだ。とにかく明日、出発する」

＊

僕は部屋でひとり、なかなか寝つけずにいた。ついさっき、通りの叫び声がベッドの中まで聞こえてきて、窓のほうを見るとカーテンを燃えさかる空の色が染め上げている。それでもなんとか眠りについた。すると悪夢をみた。誰かがうちの玄関をドンドン叩いている夢。違う、これは夢じゃない。本当に誰かが叩いてるんだ。ここだ。ここに来たんだ。奴らが。ゲシュタポが。僕の家に。僕たちの家に。僕たち家族を連行しに。

奴らは中に入って来た。今は、居間にいる。外はまだ真っ暗。なにか言っているのが聞こえる。渇いた声。パパの声も聞こえる。ママの声も。二人とも怯えてる。誰かの怒鳴り声。また別の怒鳴り声。居丈高にどやしつけている。僕の部屋のドアが開いた。見ると兵士が立っている。制服姿だ。そいつは電気を点けた。居間にママのいるのが見える。あれ、パパは？　と、パパが自分の寝室から出てきた。外出着に着替えたパパは両脇を兵士にはさまれたまま近づいてくると、僕の頭を両手で包み込むようにしながら、キスをした。それから連れて行かれた。あいつら、逮捕したんだ。僕のパパを逮捕したんだ。「ビュルシ、心配しなくていいからね！」

パパは僕に心配するなと言った。パパが殺される。いや、不安になっちゃダメだ。そんなこと考えていてもなんにもならない。事態は何一つ変わらない。パパは助かる。きっと助かる。目の前からパパの姿が消えた。僕とママのふたりぼっち。もうパパの声は聞こえない。パパの気配が感じられない。パパに会いたい。ここにいてくれなくちゃ嫌だ。死んじゃ嫌だ。どうして僕たちなんだ？　なんとか目を覚まさなきゃ。もう起きなきゃ。ああああ違う夢じゃないんだ。現実なんだ。パパが捕まった。牢屋に入れられた。僕のパパが、連れて行かれた。

次の日、奴らはパパの書棚にある本を押収しにまたうちへやって来た。ママは、本の方「も」きちんとした場所で大切に扱っていただけるんですよね、と尋ねた。それからこうつけ加えた。

「それにしても、まだなにか取り上げげられるようなものが残っておりますかしら？」

奴らが僕たちをじろりと見た。ママったら、わざわざ今そんなこと言わなくても。奴らはドアを閉めもせずに出て行った。

あれからもう二日。学校に行くのはやめた。パパの弟のフリッツおじさんも捕まり、エルナおばさん——ママと同じ名前で、フリッツおじさんの奥さん——はうちに来ている。なんとか慰めようとするママに、おばさんはあえぐように漏らした。

「ドイツとオーストリア合わせて二万人以上もの人が捕まったんですって。いったい、その人たちをどうするつもりなの」

日々は静かに過ぎてゆく。

五日が過ぎた。なんの知らせも届かない。

一一月一六日。状況はまったくつかめないまま。おばさんとママはドイツ脱出の準備を進めることに決めた。もうすぐユダヤ人の財産は没収されることになると聞いたからだ。年を取った男の人がうちに来て家具や貴重品の見積もりをしていった。翌日、そのおじいさんは運送屋らしき男の人を二人連れてまたやって来た。ろくに口もきかずアゴであちこち指すようにして、ママと取り決めたものをどんどん運び出して行く。たくさんあった絵や銀食器もぜんぶ。おじいさんはママにお札の束を渡しながら言った。

「二束三文の品しか見当たらないってのにこれだけ払うんですから、ゆめゆめ感謝していただかないとね。ベルンハイマーさんのお宅なんかそりゃもう凄いなんてもんじゃなかった！　それだって、こちらの何倍もお支払いしたわけじゃありませんからね！」

今日で一週間。相変わらずパパの消息はなにひとつ聞こえてこない。代わりに新しい身分証明書が郵便で送られてきた。ユダヤ人専用の証明書。今後、ユダヤ人はみんなヘブライ語のミドルネームをつけることが義務づけられたのだ。男性は「イスラエル」、女性は「サラ」。今日から僕は、エドガー・イスラエル・フォイヒトヴァンガーになった。パパはルートヴィヒ・イスラエルに。ママはエルナ・サラに。

パパとフリッツおじさんは二人ともダッハウの収容所に拘留されていた。今日それがわかって、ママはすぐにおばさんと駆けつけた。収容所入り口の門扉には大きく「ARBEIT MACHT FREI（働けば自由になる）」の文字。中には入れなかったので、差し入れを詰めた箱をパパ宛として置いてきたということだった。

一〇日が過ぎた。ママはしょっちゅう泣いている。僕は家から出ないように言われていて、毎日の買い物にはボビーおばさんが代わりに行ってくれる。家中のカーテンもあの日からずっと閉め切ったまま。僕たちは暗闇の中で暮らしていた。外は、雪だった。僕はカーテンの裾を少しだけめくり通りに舞い降りる雪を眺めた。その夜、ヒトラーの家には明かりが灯っていた。

今日の午後はピアノを弾いて過ごした。

今日で二週間。昼と夜を一四回ずつ過ごした。なにも変わらないまま。

一二月一日。これで二〇日。僕は大きな音を立てないように消音ペダルを踏みながらピアノを弾いた。家には僕ひとり。誰が来てもドアを開けてはいけないと言われている。ママは人に会いに出かけた。ヴィルヘルム・グラウ博士という、昔パパのところで本を出したことのある学者で、今は国立新生ドイツ歴史研究所というところでユダヤ問題研究を担当しているのだけれど、彼になんとかパパのことで力になってもらえないか頼みに行ったらしい。一九三四年にレーゲンスブルクのユダヤ人コミュニティについての研究書も出している人だった。

日が暮れた。ママはまだ帰らない。ずいぶん遅くなってから、やっと玄関のドアが開く音がした。ママの目は真っ赤だった。

「私にできることはなにもありません、ですって」

今日はエルナおばさんがうちに寄って話をしていった。ダッハウに入れられている人の数は一万一〇〇〇人以上にものぼるらしい。

もうすぐクリスマスがやってくるけど、パパの消息が途絶えて今日でもう六週間近くになる。

今日も一日ひとりで留守番。朝から晩までいろんな役所や窓口をかけずり回った挙げ句なんの収穫もないまま帰ってきたママは、ぼろぼろに疲れ果てていた。

日が経つにつれて、パパ達の入れられているダッハウの収容所がどんなところなのかだんだんわかってきた。ヒトラーの側近でSSのハインリヒ・ヒムラーが、ミュンヘン警察長官を務めていた一九三三年に設置。元は火薬工場だった建物で改装工事は最初に入れられた人たちが自力でやらされたらしい。自分たちの住む小屋だけじゃなく、看守役のＳＳの連中のぶんまで。ナチスは「理想的な再教育施設」「なんとプールまでついている」さらには「自分の家よりここの暮らしのほうが快適という囚人もいるのではないか」というふれこみで施設の写真をばらまき盛んに宣伝した。でも本当は、捕まえてきた人たちを処刑する施設だった。エルナおばさんの話では一九三三年ごろダッハウに捕まっていた元ドイツ共産党のハンス・バイムラーという人が、脱出に成功した後、収容所での暮らしを本に書いてイギリスとソ連で出版したらしい。

「でもどうしてソ連もフランスもイギリスもアメリカも黙って見ているのかしら？」とママ。僕はこの状況でヒトラーとお茶なんか飲んでいられるダラディエやチェンバレンの気が知れなかった。どうしてなんにもしようとしないんだろう？

たぶんもう、パパは帰ってこないんだと思う。パパ達が収容所にいることがわかってから既に一カ月以上が過ぎていた。

＊

一二月二〇日。パパが戻ってきた！　でもまるで別人のようだった。丸刈りでやせ細った小さな男の人が、そこにいた。目は落ちくぼみ、どんよりした顔には紫がかった斑点が浮いている。パパはすっかりぶかぶかになってしまった服の下で背中を丸め、なんとか玄関の戸口に立っていた。そんなパパに抱き寄せられて、僕は体を震わせて泣きじゃくった。パパはなんにも言わなかった。たぶん、なにか言いたくても声が出てこなかったんだと思う。パパの体も僕と同じく震えていた。そこへ物音を聞きつけてママもやってきた。ママは小さな叫び声をあげて僕たちに飛びついてきた。外はすっかり暗くなっていた。パパとママと僕の三人は玄関で、くっつきあったままじっとしていた。パパは何も話そうとしなかった。それから、部屋へ行って寝てしまった。

次の日も、パパは横になったままだった。ママがベッドまで食事を運ぶ。それでもじきに起きて来るようになり、すぐにまた元の洗練された紳士に戻って、丸刈り頭に香水を立ち上らせて、少しゆるくなってしまったスーツをきちんと着こんで朝食をとり、毎日の新聞に目を通しては前みたいにメモをとり、時おり怒りに満ちた目で窓のほうを見てから前みたいに書斎の机に向かうと、読みやすく丁寧な字で手紙を書き上げて、前みたいに僕に投函に行かせた。

「ビュルシ、もうすぐだからね」ある晩、パパが言った。あの七本枝の燭台に、その日に限って火が灯され、パパを照らし出していた。「待っていなさい。もうすぐこんな地獄とはおさらばだし、奴のお向かいさんでいるのも卒業だ。あの、クズ野郎の」

パパが誰かをそんな風に口汚く罵るのを聞いたのはそれが初めてだった。クリスマスの夜のこと。通りをはさんで向かいの家では、例年通り、ヒトラーがひとりでイブの夜を祝っていた。ヴィンター夫人に付き添われて。

1939

ユダヤ人から身を守ることは、ひいては神の創り給いしものを守るための闘いなのである。

（『我が闘争』より）

僕はもうすぐ一五歳、ヒトラーがうちの向かいで暮らすようになってからは一〇年になる。ママの話では、僕が小さかったころはヒトラーよりリオンおじさんの方がよっぽど有名人だったらしい。パパがよくレモネードを飲ませてくれたあのカフェ・ヘックのテラスで、「フォイヒトヴァンガー先生」と言いながらヒトラーがリオンおじさんにコートを着せ掛けてくれたことまであったとか。今ではユダヤ人立ち入り禁止になっているあっちの公園では、よくフラフープで遊んだり、鳩を追いかけ回したりした。僕はママから自分の小さいころの話を聞くのが好きだ。ヴァイマル共和国時代の、ナチスもいなくてヒトラーが首相になんかなる前の話。ドイツは民主主義の国で僕たちは自由に暮らしていた。大恐慌に見舞われていた時代、ミュンヘンじゅうが貧しくて、いつどこで強盗に遭うかわからないような毎日の中でも、街で物乞いをしていた人たちはリオンおじさんの作品を知っていたし僕たち家族と行き会うと挨拶してくれた。時にはうちにもやってきて、僕の大好きな熱々でプリプリのソーセージを分けてあげたりもしていた。パパは編集者として働いていた。朝はパパと、それから、住み込みで僕を息子同然に可愛がってくれていたローズィというおねえさんと三人で出かけた。懐かしいなあ……。ローズィは、人種法が公布されたせいでうちを出て行かなければならなくなった。ママはうちの裏のテニスコートへよくテニスをしに行っていた。パパは出勤せずに居間で打ち合わせをすることもあった。いろんな作家がパパの元を訪ねて来て、そんな時お茶をお出しするのは僕の役目だった。夏にはパパのお使いでよく親しい作家のところへ本を届けに行った。トーマス・マンの家にもローズィと一緒に何度も行った。パパとマンが貸し借りしていた、きれいに包装してひもをかけた貴重な本の数々をパパの代わりにマンの家まで届けるという名誉あるお使いを仰せつかって。週末はよく湖のほとりに別荘を借りてお泊まりに行って、夏のバカンスは家族だけじゃなく友だちまで連れてそこで過ごした。そう、小さいころは……。アーリア人のクラスメートの家にだってよくお茶にお呼ばれした。あのころはまだ「アーリア人」なんて言葉もなかった。みんなおんなじ、人間だった。

最近はもうどこへも出かけずずっと家にいるので、一日中ママの話を聞いて過ごしている。たいていは、ママの若い頃か僕の小さい頃の話。毎日楽しかったわねぇ、とママ。昔の話をするとママには笑顔が戻り、僕はいつまでも聴き入った。閉め切られたままのカーテンも、その向こうの灰色の空も、歩道を闊歩するSSの姿も忘れて。パパと一緒によくパーティーへ行ってね。一晩中はしゃいで、帰り道は二人ともごきげんで鼻歌まじり。あの頃は無茶してた。けど最高だった。喋りつづけるママ。

「あの頃のバイエルンはとってもすてきなところだったの。教会の鐘はどれも球根みたいな形をしていて、木々の緑や花であふれた畑。きっといつかまた、前みたいに暮らせるようになるわ」

居間のテーブルに積み上がっていくビザの申請書類。今日はこの国宛て、明日はあの国宛てと毎日書類に記入して提出して、朝には郵便で届く返信を開けて。どれも全部、「却下」「却下」「却下」。今日書いている書類はエルサルバドル用。僕は百科事典のエルサルバドルの項目をじっくり読みこんだ。国中に火山が二〇もあるのか。いったいどんなところなんだろう。それになんといっても海だ。二〇キロ以上も続く砂浜だって。僕はまだ海を見たことがなかった。毎晩、ここを出て行けますように、と祈った。神様、僕がこの目で水平線を見る前にそちらにお召しになるのはどうかおやめください。

＊

パパからイギリス行きのビザが家族三人分手に入ったと知らされた時、僕は歓喜の雄叫びを上げるよりもなによりもまず、言葉の通じない国で生きていくにはどうしたらいいだろうと考えた。喜ぶ、という感覚を久しく忘れていたので、どうしていいのかよくわからなかったのだ。それでもやっぱり、なにか幸せに近い感覚が自分の中に湧き上がってくるのを感じた。出て行けるんだ。ここを。

僕たちのビザを取るにあたっては、ハインリヒおじさんがはるばるパリから悪戦苦闘してくれたそうだ。まずパレスチナにいるおばさん達や南フランスにいるリオンおじさん、それに義理のおじさんにあたるヤコブ・ライヒさんに連絡を取って、みんなでビザを買うのに必要な一〇〇〇ポンドをかき集めてくれた。それからロンドンにある支援協会も力になってくれて、バイエルンのユダヤ人コミュニティの伝手も片っ端からたどって力を借りて、我が家の申請書類はなんとか向こうの外務省に受理された。たったいま正式に通知が来たんだよ、とパパ。まず、一九三九年二月一四日、それってつまりもう一〇日後だけど、僕だけひとりで先に出発して、パパとママは何週間か後に合流することになる。僕ひとりで列車でドイツを抜けてオランダまで行き、そこから船で英仏海峡を渡り、再び列車でロンドンへ。ロンドンの駅でパパの昔の同僚の友だちが待っていてくれることになっているから、その人と落ち合ってまた別の列車に乗って、僕を預かってもいいと言ってくれた親切な一家のところへ。あとはその人たちの家でパパたちが来るまで待つという計画だ。どれくらい待てば合流できるのかはわからない。出発前にしておかないといけないのは、財産を移す段取りを整えること。貴重なものや高価なものは手放す覚悟を決めること。ナチスの奴らによると、そういう物は本来ドイツ民族の財産であって、指のひんまがったユダヤ人どもにはふさわしくないのだそうだ。

ロンドン行きが正式に決まってからというもの、「総統閣下」の部屋の窓からもれる灯りを目にするたびに自然と笑みがこぼれた。僕がここにいて、こうして見ていることを、あいつは知らない。自分の家の真ん前で一〇年も過ごしてきた男の子がいて、その子がいつかすべてを語りだすなんて夢にも思っていない。窓の前を通るたび胸が高鳴った。今でも、夜中にエンジン音がしたり夜明けに階段から靴音が聞こえて来たりすると飛び上がってしまう自分がいる。

僕は家じゅうを眺めまわした。家具という家具、もう二度とこの指をかけることのないドアノブ、天井の飾り縁、よく晴れた日の居間に陽が射しこんで床に落ちる影。生き延びられれば、ここを出て行けさえすれば、幸せになれるんだ。絶対に。

居間ではパパとママが、持って行けるものと行けないものを仕分けしていた。伝統工芸品のようなものはすべて「ドイツ国民」の財産とされているので持ち出しが禁じられている。パパがパパのおじいちゃんから受け継いだあの七本枝の燭台もこれにひっかかるので置いていかないといけない。

「めちゃくちゃな話だ。これこそまさにユダヤ民族のシンボルみたいなものじゃないか！　それに、この前のクリスマスの時に一回使ったきりなのに。こんなことならもっと使っておけばよかった」

パパはママにも手がつけられないほど荒れていた。大声で怒鳴り散らして、そんなパパを見るのは初めてだった。

「そこまで大切なものでもないでしょう、あなた。自分でも言ってたじゃない。なんだかごてごてして趣味が悪いって」

「でもね、ご先祖様から受け継いだものなんだよ。昔からずっと家にあった。我が家の物じゃないか。あいつら、これをどうするつもりなんだ？」

「溶かしてしまうんでしょう、きっと……」

それを聞いたパパは真っ青になり、燭台を取り上げると床に叩きつけてめちゃくちゃに踏みつぶしながらわめいた。

「上等じゃないか！　溶かすなら溶かせ！　溶かすなら溶かせ！」

ママは黙っていた。燭台だったものはただの金属の塊になった。ママはパパに近づくと、パパの体に両腕をまわし、抱きしめて首のあたりに顔をうずめた。

パパと連れ立って広いミュンヘンの駅を歩いて行く。僕用のちっちゃなトランクをさげたパパ。パパの貸してくれたスーツを着ている僕。マフラーの編み目から入り込む風がひやりと首をなでて僕は上半身をぶるっと揺すった。兵士たちが数人がかりで書類を確認する。僕のはロンドン行きの片道切符と、パスポートと、正規のビザ。パパのはオランダ国境の町・エメリッヒまでの往復切符。眉一つ動かさず「行け」の合図をする兵士たち。僕はここ数日で間に合わせに詰めこんだフレーズを頭の中で何度も繰り返した。

「My name is Edgar」「How do you do?」「How old are you?」そしてもうひとつ。でもこれは、もう決して発するはずのない言葉。「I am a Jew」。僕はユダヤ人。

バイエルンの街並。田園。山や川や草や木。二度と見ないと思いたい景色のひとつひとつが窓の外を流れていく。通り過ぎる列車を眺める牛たち。なんだかそばにいる農家の人たちまで牛と同じような目つきに見える。それぞれ畑を耕したり、牛に引かせたプラウと格闘したり。みんな昔ながらの農作業服を着ていて、それがなぜだかあの「総統閣下」を思わせた。パパはなにも喋らなかった。僕の手を握ったままずっと外を見ていて、窓ガラスに映ったその顔が、ふっと緩んだ気がした。パパの口元に浮かんだあれはたぶん希望のかけらだったのだと思う。と、パパと目が合った。視界がじんわりとにじんだ。僕はパパにくっついてぎゅっとした。

さあ、国境だ。ここで降りるパパを見送りに乗車口まで行くと、SSの兵士がパパの書類を確認して、それからにこりともせずに、なんでこのユダヤのガキと一緒にドイツを出て行かないんだ、と言いながら偉そうに僕をアゴで指した。パパは答えなかった。僕も答えなかった。だけど僕にはわかっていた。パパはいま初めて、心の底から、怖くなんかないと思っている。今日の僕たちには怖いものなんてない。もうあと少しすれば僕たちはドイツ人じゃなくなるんだ。二度と、一生。

パパが降りた。僕はもといたコンパートメントに戻った。列車が少しずつ動き始める。ホームを歩きながらついてくるパパ。パパが窓ガラスに手をあてて、僕もガラス越しに手を重ねて、そうして僕たちはにっこり笑った。列車が速度を上げた。パパの姿は、夜の闇に吸い込まれて、消えた。

2012年12月4日

種の汚染が猛威を振るう時代にあっては、自らの種が誇る最良の財産を堅持し続けるべく心血を注いでいる国家こそがいずれ世界の盟主となるべきである。

我らが党員はこれをもって旨とし、大義成就の可能性とそれに伴う犠牲の大きさとを秤にかけようとする臆病な心が鎌首をもたげるときは、絶えず立ち戻るべし。

（『我が闘争』最終部分）


あの最後の旅については、匂いしか思い出せない。

列車の轟音も、乗客たちの顔も、声も、やりとりも、なにもかも遠く記憶の奥底にうずもれたまま。生まれ育った町と決別した日なのに、両親も思い出もすべて置いて来たというのに、その時なにを考えていたのかも思い出せない。覚えているのはただ、列車がフク・ファン・オラントに近づいていった時の、あの霧雨のけぶるような匂いだけだ。

八八歳になった今も、鼻先にまだあの匂いが漂っている。

真っ暗だった。

2012年12月4日

うなる風音にまぎれて聞こえてくる波のざわめき。

私達は船に乗りこんだ。闇夜に橋を渡る私の目に、荒ぶる海は、あれほど焦がれていた海は、ただ気配としてのみそこにあった。そうして明け方、その姿を現した。

私は、生まれて初めて、水平線を見た。

エピローグ

ここに書かれているようなことが本当にあったのか、とお疑いの歴史修正主義者諸氏へ向けて念のため申し述べておくと(なにしろそういう人たちには戦時中のこととなると片っ端から疑ってかかる歪んだ趣味があるので)、事の真偽を争う対象となりうるのはせいぜい、ソーセージが台所でじゅうじゅうと食欲をそそる匂いをたてながら焼けていたあの冬の日は晴れだったのか雨だったのか、といった程度の枝葉末節のみである。毎日の献立だの、外の気温だの、その日の朝父親が選んでくれたネクタイの柄だのについては確かにエドガーもよく覚えてはおらず、こちらで創作せざるを得なかった。といってもそんな部分はほんの少しで、本当にごくごくわずか、というよりほとんどないと言っていい。なぜならエドガーの頭の中にはドイツで過ごした子ども時代のめくるめく思い出がぎゅうぎゅうに詰まっているからだ。そういう意味で、人類史上最低最悪というべき人物の向かいで一〇年の月日を過ごしたエドガーの人生には、あまやかな残像とおぞましい出来事とが混在しているといえる。

エドガーが生まれたのは一九二四年。ヒトラーがエドガーたち家族の向かいに居を構えたのが一九二九年。通りを歩いているとしょっちゅう「彼」に出くわした。ときどき、自分の覚えていることが本当に自分自身の記憶なのか、それとも母親に数えきれないほど話して聞かされたことを自分の記憶のように思いこんでしまっているのかわからなくなるという。ただしそれはあくまでごく小さいころに関しての話。また、言うまでもないことだが、周囲の人たちから直に見聞きした内容と当時の新聞で読んで知った事柄、そして歴史を学ぶ中で書物を通して得た知識とはそれぞれにきちんと峻別している。

エドガーが五歳だった一九二九年、ヒトラーは四〇歳。エドガーの父・ルートヴィヒの四歳下で、首相になるのはその四年後。とはいえエドガーの家では既にそのころからヒトラーが頻繁に話題に上がっていたし、すぐ向かいにヒトラーが越してきたというニュースは町内みんなの知るところとなっていた。とかく噂の人物だった。エドガーの伯父、リオン・フォイヒトヴァンガーは当時四五歳。八世紀ドイツにおけるユダヤ人たちの暮らしを描いた自著『ユダヤ人ジュース』を一九二五年に出版し、既に外国でいちばん人気のあるドイツ人作家という地位を確立していた。そのころのドイツ文芸界でも際立って著名な人物だったといえるだろう。そのリオンは、実の弟の家の向かいに越してきた男の出世ぶりを懸念するあまりその男をテーマに次作を書くことを決心し、そして実際に上梓してみせた。驚くべきことにフランスでは今もって翻訳されていないのだが、その作品にナチス陣営は怒り狂い、政権につくや否やリオンからドイツ国籍を剥奪したほどであった。これを逃れて外国へと出たリオンがその後、ドイツへ戻る事は二度となかった。かくしてアドルフ・ヒトラーの台頭はフォイヒトヴァンガー家にとっていちばんの不安の種であり続けた。

大きくなってからもしょっちゅうヒトラーを見かけていたエドガーは、独裁者として上り詰めてゆく様子を見守るようにして毎日を過ごした。取り巻きの数は日ごとに増え、お供の車は何台も列を成すようになり、ヒトラー宅を訪ねて来る客にも大物が多くなっていった。こっそり自分の様子をうかがっている少年の正体などヒトラーは知る由もなかっただろうが、エドガーの方ではヒトラーはもちろん、彼と近しいナチ司令部の面々もみな知っていた。というのも、ミュンヘンはナチの本拠地だったからだ。一九二三年にヒトラーが軍事クーデターを試みて失敗し(のちに『我が闘争』の生まれ故郷となる)監獄へ送られたのもミュンヘンなら、ナチスの党本部である「褐色館」も、SAのリーダーだったエルンスト・レームやヒトラー専属カメラマンだったハインリヒ・ホフマンの邸宅も、ヒトラーの行きつけだったレストラン「オステリア」も、その他にも様々な縁の場所がミュンヘンに集中しており、住民にはお馴染みの存在だったのである。

フランス語では俗に「悪魔の棲み処の中〔dans l'antre du diable〕」という表現をするが、それがこうも見事にあてはまる例も滅多にないだろう。ヒトラーとはいわば悪の権化である。あれほどまでの権力を一身に集中させた人間は後にも先にも彼ひとりのはずだ。たったひとりの男の考えや欲望、気まぐれ、そして狂気に世界中があそこまで振り回されたのも、史上類をみないのではないか。

一九二九年から三九年にかけてというのは、近代史における最も重要な出来事が集中して起きた時期と考えてまず間違いない。ヒトラーは実に一週間とあけずなにか新しい措置や法律、侵略作戦を思いついては実行に移した。そうしてそのたびエドガーの暮らしも大きな変化を強いられた。なぜならエドガーの家は――それこそナチスが一九三三年に政権を獲った途端に否応なく意識させられることとなったわけだが――ユダヤ教徒だったからだ。といっても一九三五年まではフォイヒトヴァンガー家の生活は信仰とは縁遠かった。シナゴーグにもほとんど行かず、いわゆる「世俗化し、同化したユダヤ人」として暮らしていた。彼ら彼女らは気持ちの上ではドイツ人であり、それ以前にまず、人間だったのである。もちろんエドガーに対しても同様のスタンスで育てていくつもりでいた。しかしそれにもかかわらず、エドガーは日常のそこかしこに脅威を覚えながら過ごすことを余儀なくされた。一九三三年五月一日、つまりヒトラーが首相になった三カ月後には早くも授業でノートに鉤十字の絵を描かされている。エドガーはまだ八歳だった。

したがって本書は、アイデンティティの認識をめぐる物語である。ただしここで語られるアイデンティティとは自己に固有のそれではなく、むしろ自分ではない人たちの決定によって、もっといえば自分ではないただ一人の人間の手によって割り振られたものに他ならない。そう、向かいに住んでいた、アドルフ・ヒトラーという男の手によって。

エドガーがドイツを去ったのは一四歳、第二次世界大戦勃発の七カ月ほど前のことだった。彼がヒトラーの向かいに、そしてヒトラーが彼の向かいに暮らすようになって既に一〇年の月日が経っていた。その間、三六〇〇の朝と三六〇〇の夜が訪れた。ヒトラーはもう寝ているだろうかと思いながら床に就き、もう起きただろうかと考えながら朝食の食卓を囲み、今度はどんな馬鹿げたことを言いだすのだろうと訝《いぶか》りながら一日を過ごした回数も、あるいは三六〇〇回にのぼるかもしれない。今は家にいるのか？　なにをしているんだろう？　僕たちを殺したいのか？　僕たちを殺すつもりか？　なんで僕たちなんだ？　どうして僕なんだ？　エドガーは思春期の限られた時間を、そんな考えに取り憑かれて過ごしたに違いない。

私がエドガーと初めて会ったのは一九九五年だった。今は二〇一二年だから、もう一七年も前のことになる。イギリスの日刊紙『インディペンデント』に、一九二九年から三九年まで一〇年間ミュンヘンのヒトラー宅の向かいに住んでいたというユダヤ人少年の経歴を紹介する短い記事が載っていて、それがエドガー・フォイヒトヴァンガーだった。当時、VSD（フランスの雑誌「Vendredi-Samedi-Dimanche」の略称）の記者だった私は、『インディペンデント』の編集長に電話し、その記事の執筆者でありエドガーの実の娘、アントニアの電話番号を教えてもらった。彼女は喜んで父親の番号を教えてくれ、そのままとんとん拍子に会う約束が決まって、次の週末にはもう彼の家を訪ねていた。

同行したカメラマンのニコラ・レイナールも交え、私達はエドガーの愛すべき伴侶、プリムローズの淹れてくれた紅茶を味わいながら一日中あれこれと話をして過ごした。エドガーの話は多岐にわたった。ヒトラー政権下のミュンヘンの様子。第三帝国でのユダヤ人の置かれた状況。そして自分の家族のこと。それからまた、ヒトラーの仕草や表情にいたるまで仔細に再現してみせてくれた。それは子どもだったころのエドガーが自分の目で見た本物のヒトラーの姿だった。なにしろしょっちゅう通りですれ違っていたのだから。エルンスト・レームやネヴィル・チェンバレン、ベニート・ムッソリーニといった、件《くだん》の一〇年のあいだに何度となく自宅の窓の下を通って行ったお歴々についてもエドガーはよく覚えていた。鉤十字がそこかしこに描かれた小学校時代のノートも見せてくれた。ニコラはエドガーを窓の向こうに立たせ、わざわざモノクロで撮影した。そうして、私達はエドガー邸を後にした。

それからというもの私は、折に触れてはエドガーに本を書くよう勧めてきた。けれどエドガーはまずもって歴史家だ。学者である彼の目には、名も無い一市民の体験談などわざわざ語りおろすに値しないようだった。それでなくとも、書かなければならない本なら山のようにあったのだから！　そうして月日は過ぎて行った。エドガーの腰は重いままだったが、私達は断続的に連絡を取り合った。電話をしたり。手紙を書いたり。やがてそれがメールになり、時にはスカイプでおしゃべりに興じたりもした。

初めて会ったころのエドガーは七〇歳で、私は二五歳だった。今や八八歳と四三歳。ニコラ・レイナールは仕事先へと向かう飛行機で事故に遭いこの世を去った。プリムローズが亡くなったのはこの春のことだ。エドガーは言った。「このごろ、来世というものについて考えるようになったよ」。語りおろしの機は熟した。私達はようやく出発したのだ。エドガーが子ども時代を生きたミュンヘンの轍《わだち》をたどる旅に。すべてが消え失せる前に。なくなってしまう前に。今、この時をおいて他になかった。

ベルティル・スカリ

二〇一二年一二月

本書に登場した人物たちのその後

エドガーの両親である**エルナ・フォイヒトヴァンガー**および**ルートヴィヒ・フォイヒトヴァンガー**は、エドガーがドイツを出た数カ月後の一九三九年五月、ドイツ出国に成功。同じ年の九月一日にはナチスによるポーランド侵攻が起こる。正式な移民許可を手に入れた二人は、イギリスのウィンチェスターでエドガーと合流し、そのままそこに居を構えると、言葉もわからないながらに暮らしの立て直しに務める。不幸なことに、ルートヴィヒの方はダッハウから生還してわずか一年半後の一九四一年春先にまたしても拘束され、マン島へ収監される。今度はユダヤ人という出自ではなく、ドイツ国籍の方が警戒されたのである。とはいえ、生きて出られたこと自体が奇跡だったダッハウの収容所に較べればマン島は遥かに快適な環境で、しばらくののちに解放され、家族のもとへと戻った。そうして次第に仕事の依頼が舞い込むようになり、ドイツ語の特別教員、イギリス軍付き相談役、第三帝国文献学教授などを歴任後、一九四七年に六一歳で死去した。母のエルナは一九七九年まで永らえ、ウィンチェスターという地域にすっかり溶けこんで幸せに過ごした。ただし食べ物のほうは自慢のドイツ料理を、ナチスがなにをしようと決して渡さなかったに違いない愛用のミュンヘン製深鍋で作り続けた。その鍋は今でも時折、エドガー宅の台所でコトコト音を立てていて、寒い冬の日には部屋中を家主の大好きな香りで満たしてくれる。そう、昔と同じバイエルンの香りで。

リオン・フォイヒトヴァンガーはフランス警察の手によりレ・ミルの収容所に収監される。フランス側は当初、そのままナチスに引き渡すつもりでいたが、エレアノール・ローズヴェルト〔アメリカ大統領フランクリン・ローズヴェルトの妻〕の強い要請を受けて在マルセイユのアメリカ領事がこれに待ったをかけ、難を逃れる。その後はアメリカへ移住し、パシフィック・パリセーズにて作家活動を継続。この地にはやがてドイツの亡命知識人たちが続々と移り住んで来ることになる。リオンの友人たちも、とりわけブレヒトやトーマス・マン、ハインリヒ・マン、フランツ・ヴェルフェルらは同界隈で定期的に集まっていた。一九五八年死去。妻の**マルタ**の方は一九八七年まで生き延び、夫の死後もエドガーの母と密に連絡を取り合い、エドガーをアメリカに招いたりもしている。

フリッツ・フォイヒトヴァンガーはルートヴィヒと同じく、ダッハウの収容所に収監されたのち、一九三八年のクリスマス前夜に解放され、妻**エルナ**とともにアメリカ合衆国へ命からがら逃げおおせる。**フランツィスカ・ディアマント**夫妻も開戦直前にアメリカへ。**ベルトルトおじさん**はまったくの独自路線で事を進め、すんでのところでペルー行きの船に乗りこんだ。エドガーの異母姉**ドロル**は生涯スイスで過ごした。なお、物語の構成の都合上、ドロルの個人情報についてはいくつか改変せざるを得なかった点がある。ドロルの母**リリーおばさん**もまた、戦争を生き延び、ベルリンからのちにバイエルンの小さな村に移り住んだ。

チェコスロヴァキア国籍のおかげで第三帝国時代のドイツ国内を自由に移動でき、あんなにも幸せそうだった**ベラおばさん**は、ナチスのプラハ侵攻時に拘束され、テレージエンシュタットの収容所で命を落とした。

エドガーの幼なじみである**ベアーテ・ジーゲル**は、イギリス人による「キンダートランスポート」作戦〔イギリスをはじめ諸外国が一九三八〜三九年にかけて展開したユダヤ人児童受け入れ事業〕のおかげでドイツ出国に成功。ベアーテの父**ミヒャエル**は公衆の面前で暴行を受け晒し者にされた最初のユダヤ人(一九三三年、ミュンヘンの路上において「私はユダヤ人でありますから、金輪際警察に不服を言ったりいたしません」という札を首からかけられた)のひとりでもあった(二六七ページの写真参照)。その父と母および兄のペーターは揃って一九四〇年にペルーのリマへ亡命、ペーターは彼の地でラビとなる。ベアーテは現在ロンドン在住。トゥールーズにほど近い南フランスの町にも別宅を持っており、本書のゲラ(添付ファイルで送信した)もそこで読んでくれた。

ボビーおばさんことボビー・ヘッケルマンならびに「公爵」はユダヤ人ではなかったため、ミュンヘンに留まった。その後の空襲も生き延びた二人にエドガーと母エルナが再会を果たし、四人でザルツブルクのオペラ座へ出かけたのは一九五七年のこと。エドガーの記憶によればその際、戦後も没落することなくブルジョワでありつづけたボビーおばさんの招きでザクセン゠コーブルク゠ゴータ公国のプリンセスも観劇に来ていたそうである。ハノーヴァーの実業家ヘルマン・ヴォルフを夫にもっていた**フリードル・ヘッケルマン**もまた、天寿を全うした。エドガーは一九六六年に夫妻を訪ねている。夫**ヘルマン(・ヴォルフ)**は戦時中、収容所のユダヤ人を自分の会社で労働力としてこき使っていたため、敗戦に際して裁判にかけられた。エドガーとの再会の折りには、アドルフ・ヒトラーの人並みはずれたバイタリティを称えるような発言を繰り返し、まるでなにかの言い訳をしているかのようだったという。ヘルマンは最後までその姿勢を崩さず独りで喋り続け、再会はどうしようもない空気の中で幕を閉じた。フリードルの娘**アラベラ**はニューヨークで生涯を過ごした。

ローズィ。エドガーのそばでなにくれとなく世話を焼き、公園や学校への行き帰りもいつも一緒だったローズィ。「アーリア人」が「ユダヤ人」の下で働くことを禁じる新しい法律のせいでエドガー一家の元を去らねばならなくなったローズィ。彼女がその後どこでどうしているのか、どうなったのか、エドガーの耳に届くことはなかった。なお、当時の社会や政治に関する状況を読者により身近に感じてもらえるよう、ローズィの人物造型については多少の潤色を施した。ローズィといえば、「情報通」の管理人**フンク**氏の消息についても一切が不明である。そしてクラスメートだった**ラルフ**。一九三三年に九〇%以上のドイツ人がヒトラーに投票し圧倒的権力を与え、最初期の反ユダヤ法の数々が施行されることになるその直前までエドガーをお誕生日会に招いてくれていた彼のその後もまた杳《よう》として知れない。

エルンスト・ベルンハイマーとその孫娘**イングリート**は一九四一年、唯一受け入れの意思を示してくれたキューバへ移民。本来ならばもっとずっと早い時期に、アメリカのようなより馴染みのある国へ移り住みたかったのだが、イングリートには**カルリ**というダウン症候群のきょうだいがいたため、どこも受け入れてくれない状況だった。出国があと一歩遅かったらナチスの手によって安楽死させられていたことだろう。ベルンハイマー一族のその他の者、たとえば**オットー・ベルンハイマー**はヘルマン・ゲーリングに取り入り、巨匠の名画の数々をただ同然で譲ってやったり、ゲーリングの叔母(配偶者はユダヤ人男性だった)に牧場主風の大邸宅を買ってやったりすることで生き延びたのだが……その話をするともう一冊本が書けてしまうだろう。

エドガーがドイツを去った約七カ月後、**アドルフ・ヒトラー**の命によりドイツ軍はポーランドへ侵攻。戦わずして新たな領地を易々と獲得し、あのミュンヘンのアパートで舞い上がっていたに違いない。しかしながらこれに対してはそれまでと違い、フランスとイギリスが各々、誓約と原則を遵守する形でドイツに宣戦布告。以後はそれぞれに同盟を結び陣営を組んで対立、全世界規模の抗争へと発展し、およそ五〇〇〇万人が命を落とす。敗戦までの永きにわたりナチス・ドイツは、オーストリア、チェコスロヴァキア、ポーランド、ウクライナ、イタリア、ギリシア、フランスその他、勢力圏に置いた各国の親ナチス派陣営の協力を得て反ユダヤ政策を継続し、六〇〇万にも上るユダヤ人、ジプシー、同性愛者など、他にも多くのマイノリティに属する人々を虐殺した。やがてついに連合国側が勝利するとヒトラーはベルリン内のトーチカにて自決。ややしばらくの時を経て、アメリカ人の写真家リー・ミラーが、ダヴィッド・E・シャーマンとの共作で『ヴォーグ(Vogue)』誌に発表したルポルタージュ制作の一環でヒトラー宅の、つまり旧フォイヒトヴァンガー宅のまさに向かいのバスタブでヌードになった。

その後、その建物は全面的に改装され警察署として生まれ変わった。ヒトラーがそこに暮らしていたことを示すものはもう、なにひとつ残されていない。

そして我らが**エドガー**は現在も、ウィンチェスターにほど近いハンプシャー州はデーンの集落に暮らしている。七九年前のあの日、一九三九年二月一五日にイギリスに到着し、数カ月経って今の場所に移り住んで以来、ずっと同地で生きてきた。まず、厚意から世話を引き受けてくれたコーンウォール地方出身のマルコルム・ディゾン／ベリル・ディゾン夫妻――まだ三〇代そこそこで三歳と五歳の子どもがいた――のもとに身を寄せたエドガーは、二人から英語を習い数カ月で習得。同年九月には奨学金を得てウィンチェスター・カレッジへ進学し、戦後はケンブリッジ大学にて歴史学を修め、やがて自らも教職に就くと本の執筆も始める。主たる研究対象はヴィクトリア朝の政体、プロイセン史、イギリス首相ディズレーリならびにグラッドストンの人物史、そしていうまでもなく二〇世紀ドイツ史など。一九六二年、ノルマンディー上陸作戦に参加した将校を父に持つうら若きイギリス人女性プリムローズと結婚。現在、九四歳。子どもは三人、孫も現時点で三人。ドイツ大使館はエドガーに、英独関係の発展に大きく貢献したとして勲章を贈った。当のエドガーは自らを「名誉イギリス人」としておいてもらえれば、と語っている。

本書の執筆は主にミュンヘン、パリ、ウィンチェスター、ロンドンで進められた。参考資料としているのはエドガーの記憶、ドイツの、かつてエドガーの父ルートヴィヒが勤めていた出版社から出版されているエドガー一家の回顧録 *Erlebnis und Geschichte : Als Kind in Hitlers Deutschland - Ein Leben in England*（『実体験と歴史——ヒトラー統治下に生きたある少年の物語。イギリスでの一生』）、*L'Illustration*（『イリュストラスィオン』）、*Paris-Match*（『パリ・マッチ』）、*Paris-soir*（『パリ・ソワール』）その他、当時の新聞、雑誌などのバックナンバー。ドイツ、フランス、イギリス、アメリカなどのニュース番組をはじめとしたＡＶ資料。そしてリオン・フォイヒトヴァンガーの著作（特に『ユダヤ人ジュース』と『成功』の二作）、ならびに当時の書店店頭においてリオンのライバルだったあの男の本。菜食主義者で、バイエルン名物の香り高いソーセージがお好きでなかった彼の著した『我が闘争』である。バイエルンといえばあれがいちばんおいしいのにねえ。

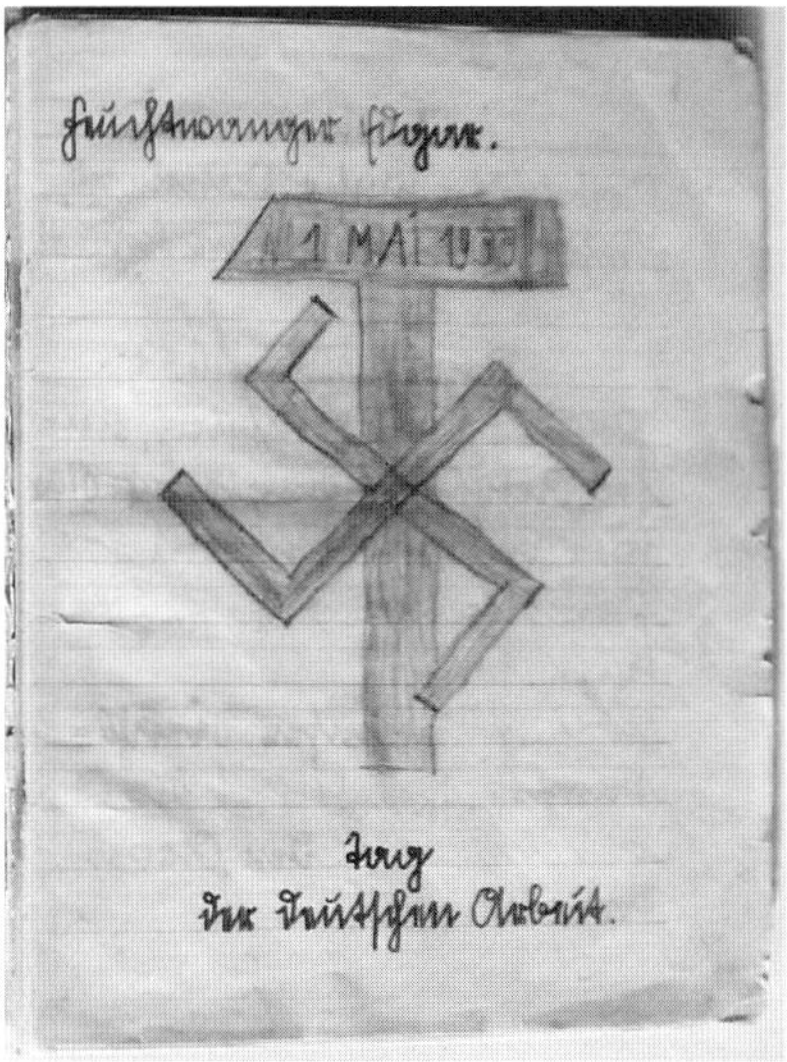

エドガー 8 歳のとき(1933 年)に
学校で使っていたノートより.

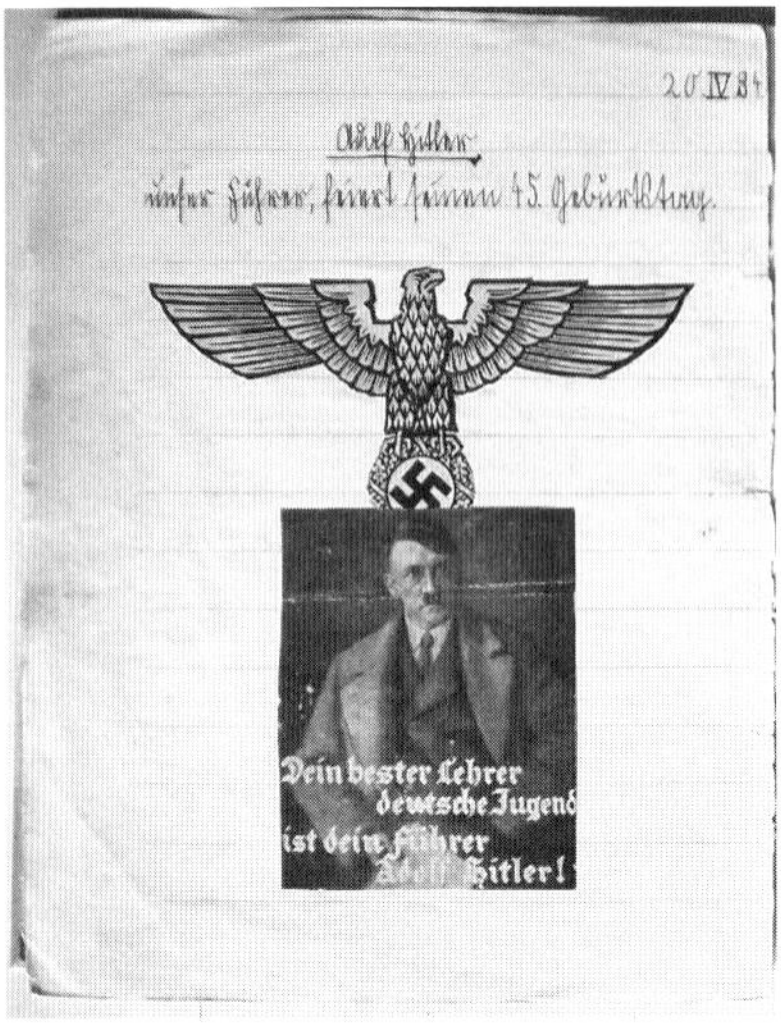
20 IV 34
Dein bester Lehrer
deutsche Jugend
ist dein Führer
Hitler!

BAUERNHOF

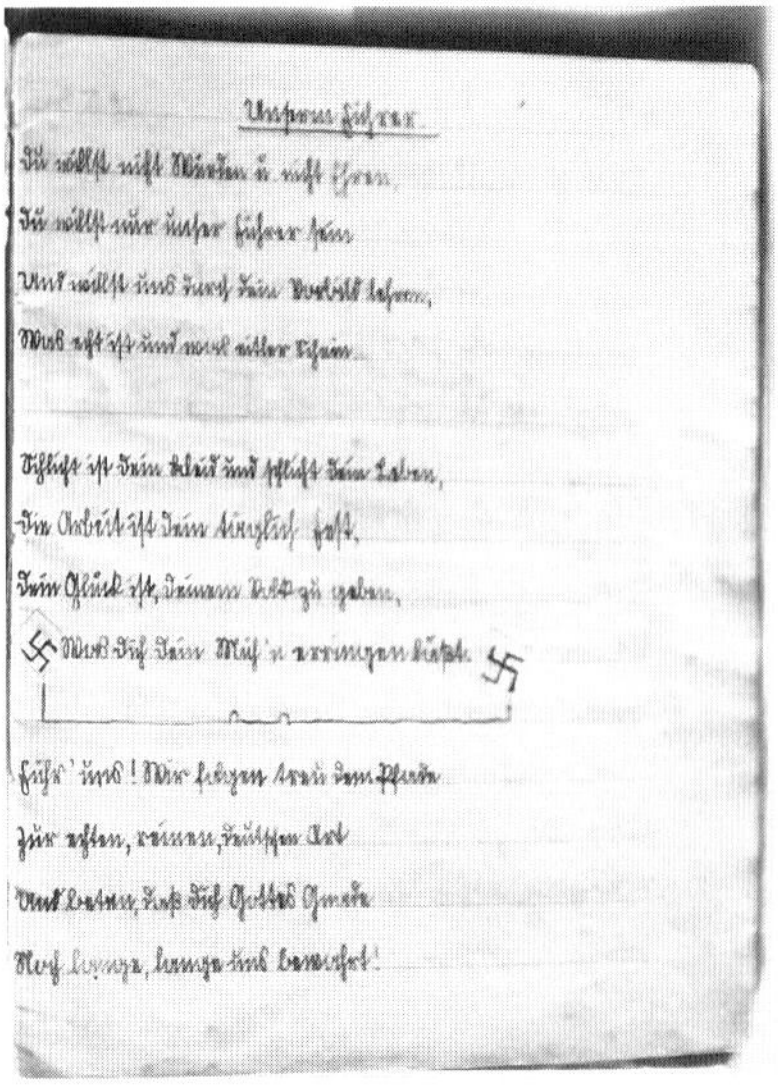

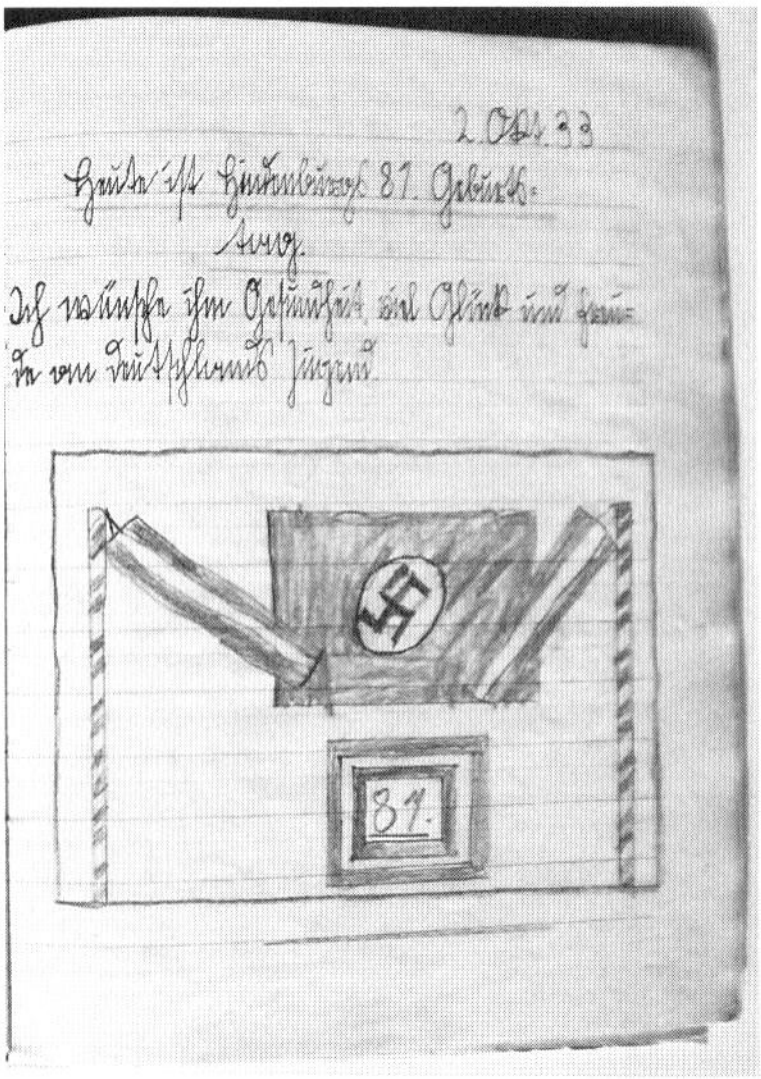
87.

上：通りを歩かされている男性.
下：「私はユダヤ人でありますから，金輪際警察に不服を言ったりいたしません」と書かれた札を首からかけられているミヒャエル・ジーゲル（1933 年 3 月 10 日，ミュンヘンの街頭にて撮影）.

エドガー9歳のとき(1934年)に学校で使っていたノートより.

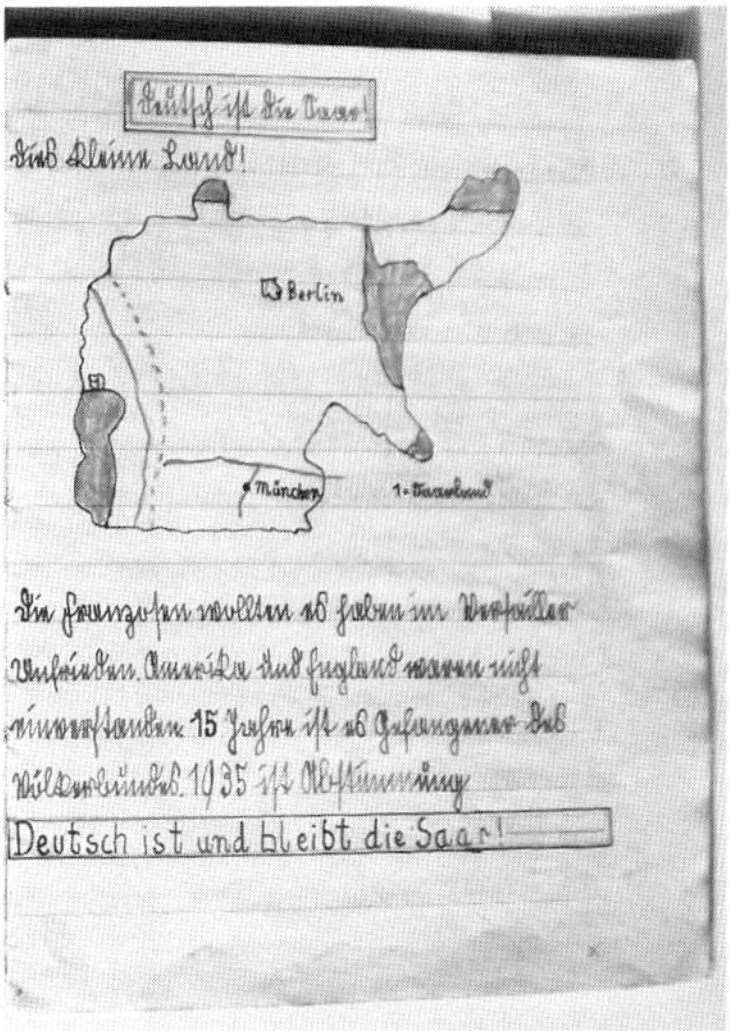
Berlin
München
Deutsch ist und bleibt die Saar!

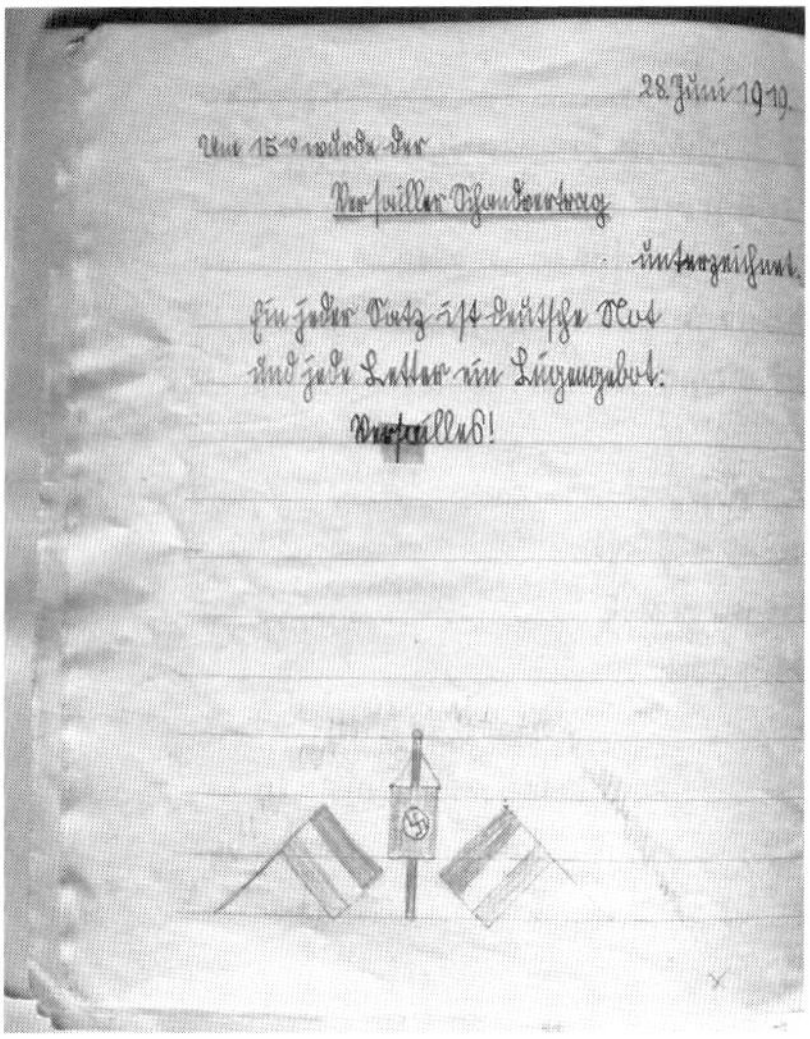
28. Juni 1919.

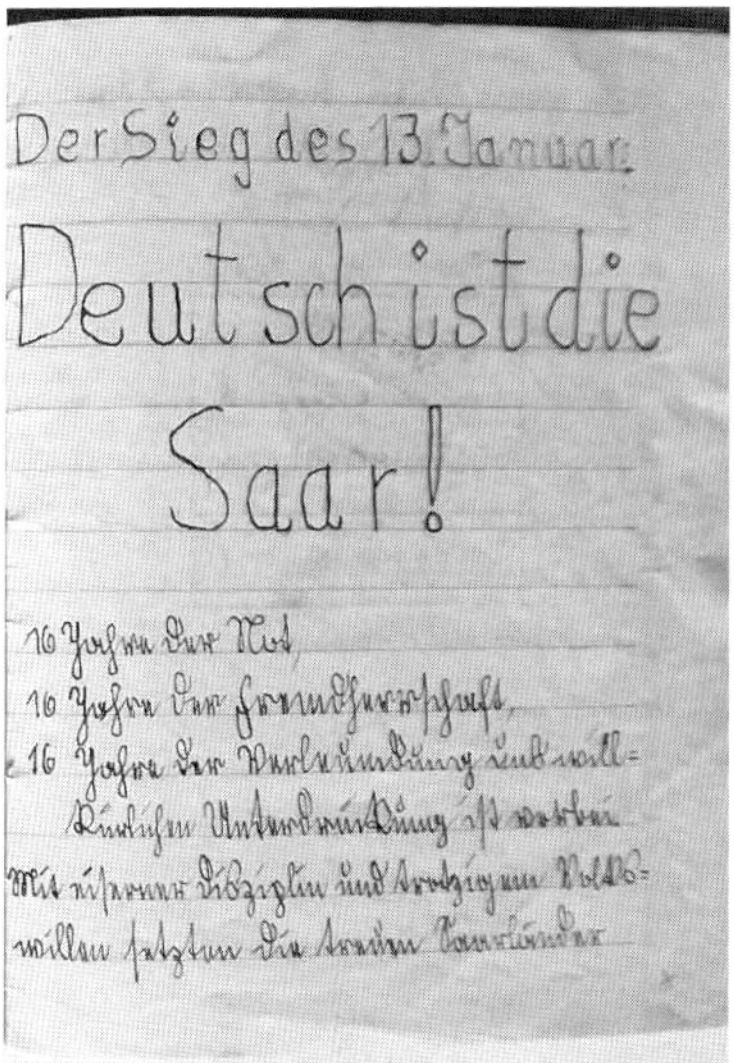
Der Sieg des 13. Januar.
Deutsch ist die Saar!

Jung-
Deutschland.

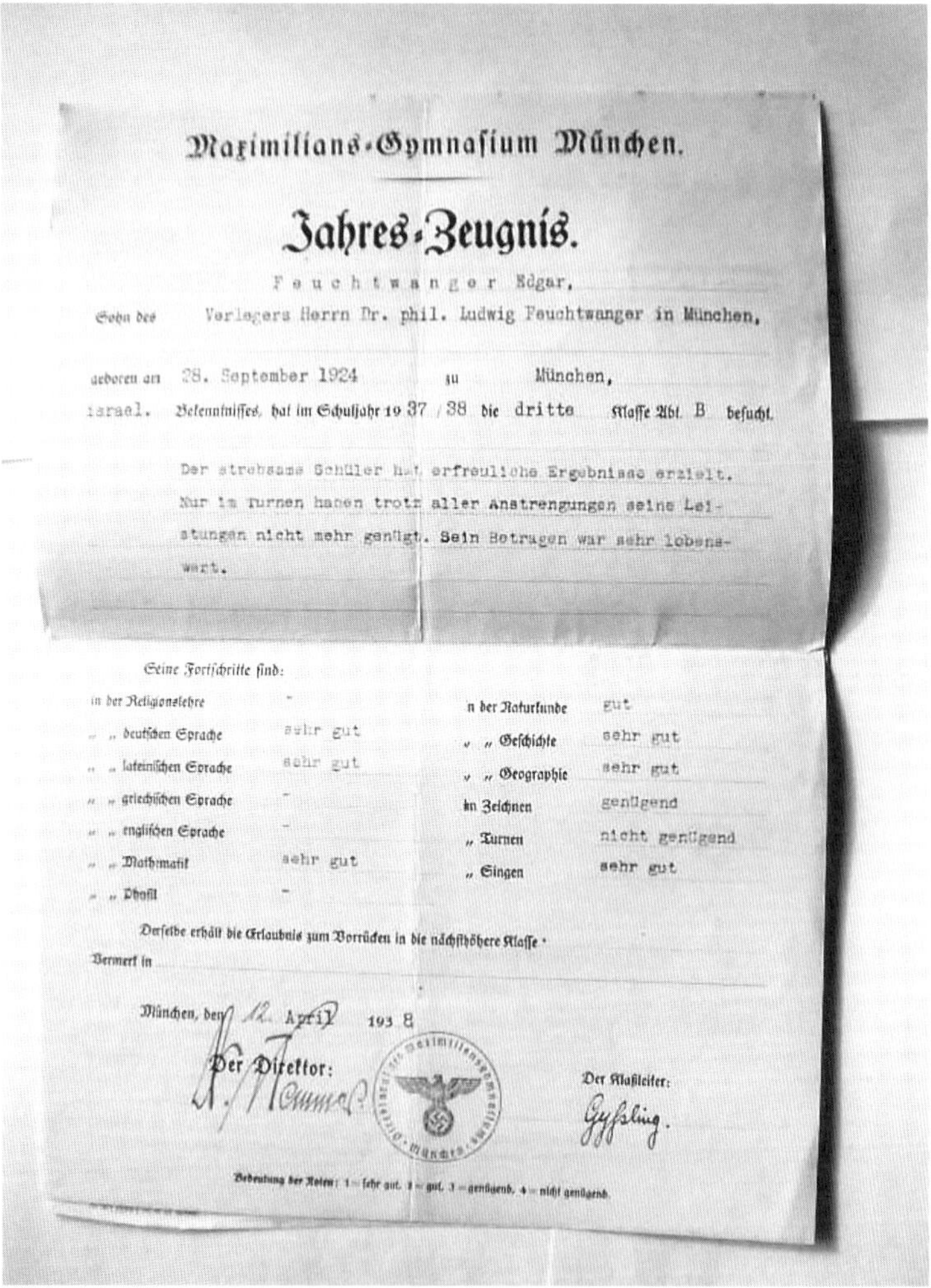

Maximilians-Gymnasium München.

Jahres-Zeugnis.

Feuchtwanger Edgar,

Sohn des Verlegers Herrn Dr. phil. Ludwig Feuchtwanger in München,

geboren am 28. September 1924 zu München,

israel. Bekenntnisses, hat im Schuljahr 1937/38 die dritte Klasse Abt. B besucht.

Der strebsame Schüler hat erfreuliche Ergebnisse erzielt. Nur im Turnen haben trotz aller Anstrengungen seine Leistungen nicht mehr genügt. Sein Betragen war sehr lobenswert.

Seine Fortschritte sind:

in der Religionslehre	–	in der Naturkunde	gut
„ „ deutschen Sprache	sehr gut	„ „ Geschichte	sehr gut
„ „ lateinischen Sprache	sehr gut	„ „ Geographie	sehr gut
„ „ griechischen Sprache	–	im Zeichnen	genügend
„ „ englischen Sprache	–	„ Turnen	nicht genügend
„ „ Mathematik	sehr gut	„ Singen	sehr gut
„ „ Physik	–		

Derselbe erhält die Erlaubnis zum Vorrücken in die nächsthöhere Klasse.

Vermerk in

München, den 12. April 1938

Der Direktor:

Der Klaßleiter:

Bedeutung der Noten: 1 = sehr gut, 2 = gut, 3 = genügend, 4 = nicht genügend.

「イスラエル」〔ユダヤ人を意味する〕と記載された学籍証明書.

エドガー５歳，自宅アパート前の通りにて．

上：ヒトラーのアパート(1937年に一般のカメラ愛好家が撮った映像を写真に加工).
下：同アパート前に立つ現在のエドガー(2012年4月撮影).

歴史の玄冬を生き延びる——訳者あとがきに代えて

本書は、Edgar Feuchtwanger 著 *Hitler, mon voisin*（二〇一三年一〇月刊行、*Michel Lafon* 刊）を底本に、若干の註および修正事項を加えて訳出したものです。著者であり主人公のエドガーは五歳から一四歳までの約一〇年間をヒトラーの家の向かいの建物で過ごしたのち、両親とともにイギリスへの亡命に成功。同地で高等教育を受け歴史学者となり、現在も活動しています。

したがって彼の母語はドイツ語であり、亡命後は主に英語を用いて暮らしているわけですが、本書の出版に際しては、そんな稀有《けう》な子ども時代を送ったエドガーに興味を惹《ひ》かれて取材を申し込み、やがて良き友人となったフランス人ジャーナリストのベルティル・スカリ氏がエドガーの語り下ろしをフランス語でリライトしながら一冊の本にまとめ上げたという経緯があります。ドイツ出身のイギリス人がフランス語で回想録を出すに至った詳細については、スカリ氏名義による「エピローグ」をぜひお読みいただければと思います。

さて、とつぜんですが、「あなたは何人《なにじん》ですか？」と訊かれたら、みなさんはどう答えますか？「え、日本人に決まっているじゃないですか」という人が多いかもしれませんね。では、そういう人はなぜそう思うのでしょう。日本語が母語だからでしょうか？　でも、オーストリア人の母語もドイツ語ですし、ブラジルに住む人の多くはポルトガル語を母語にしていますが、オーストリア人はドイツ人ではないし、ブラジル人はポルトガル人ではありません。英語やスペイン語やアラビア語など、広く様々な国にまたがって使用されている言語の例は他にもいくつもあります。

「日本国発行のパスポートを持っているから日本人だ」という人もいるかもしれません。けれど、現時点で確認されている日本初のパスポートは一八六六年発行です。では、それ以前にこの国に住んでいた人たちは何人だったのでしょう。しかもこのパスポート（当時は「海外渡航文書」という名前でした）を発給したのは江戸幕府です。すると、この文書を受け取った人たちは「江戸国人」だったのでしょうか。

「いやいや、今はどこの国とかそんな小さなことを気にしている時代じゃないよ。我々はアジア人だ」という人もいるかもしれません。私個人としてはとても好きな考え方ですが、そもそも「アジア」とはどこからどこまでをいうのでしょう。ミャンマーやインドあたりまではは っきりアジアといえるような気もするけれど、パキスタンあたりからなんだか自信がなくなってきませんか。イランやイラクは「中東」ともいわれますが、「中東」と「アジア」って違うのでしょうか。さらにいえば、「西アジア」に分類されることも多いトルコにいたっては長らくＥＵ加盟候補国として交渉を続けています。あるいはまた、インドネシアからちょっと南に行けばもう着いてしまうオーストラリアはアジアの一員なのでしょうか。

こう考えてみると、私たちが日頃「私は〇〇人です」と口にする時に無意識に根拠としている言語や国や地域といった概念は、実は思いのほか曖昧な、不透明で可変性のあるものであることがわかります。地球が誕生した時点で地面に線が引かれていたわけでもなんでもないのですから当然の話です。私たち人間は数千年に及ぶ長い歴史の中で、戦争や婚姻に代表される様々な手段を用いて地上に線を引いては消し、また引いては消しという作業を繰り返し、数かぎりない悲劇や混乱や出会いを生み出しながら今に至っているのであり、またそうである以上、太古より永久不変の正当性に基づいたアイデンティティを持つ個人も、集団も、本当はどこにも存在しないといえそうです。

本書の主な舞台となる一九二九年から三九年もまた、世界が新たな「線の引き直し」へ向けて徐々にアクセルを踏み込んでいった時代です。そしてその激動の震源地の一角を占めるドイツのミュンヘンで暮らしていた主人公エドガーは、次第に社会から正当な「ドイツ人」として扱われなくなってゆきます。しかもその根拠は「人種」という、先ほど述べた「言語」「国」「地域」よりもさらに曖昧で、不透明で、非科学的ですらあるものでした。シナゴーグの存在も知らず、クリスマスを楽しくお祝いし、豚のソーセージを好物にしていたドイツ人の少年が、国家という巨大な集合的他者によって「ユダヤ人種」なる架空の人種に「認定」される。学校で、街角で、友人や先生との関係の中でそれまでのアイデンティティを一方的に剝《は》ぎとられ、存在自体を憎しみと侮蔑の対象として捏造《ねつぞう》されてゆくその過程を、ヒトラーのアパートの向かいに暮らし日常的に本人を目にしていた彼が実体験として語り下ろし、大物編集者だった父親や有名作家で反ナチスの急先鋒だった伯父、さらにその交友関係にあった人々とのやりとりまで丁寧に記憶を辿って再現することで、同時代を扱った他のどの書籍とも違う風景が読者である私たちの眼前に描き出されてゆきます。

自分の存在自体が「公共の敵」になるとはどういうことか。幸いにして私はまだ知りません。けれど、この先も知らないでいられる保証は、不幸にしてありません。こう言うと「いまはもう二〇一九年ですよ！　そんなこと、起きるわけがない」と笑う人もいます。私の耳にはその笑い声が「いまはもう一九三二年ですよ！　情報も教育も広く行き渡るようになった。独裁政治なんて誰も望まないはずです」という、エドガーの父親ルートヴィヒが祈るように発した言葉のこだまのように響いてならないのです。

人類の歴史は、巨視的に眺めれば進歩の歴史といってよいと思います。明るい時代と昏《くら》い時代を春夏秋冬のごとく繰り返し、時に大きく脇道に逸《そ》れながらもなんとかより良い方へ進もうとしている人間が、私はとても好きです。悪はいつか必ず淘汰《とうた》されます。ナチス・ドイツも滅びました。とはいえ、こうしている今も圧政やテロや内戦という真冬を生きている人々や、排外主義や弱者切り捨て、議会軽視による与党の強権化などによって晩秋を迎えつつある社会が、日本をはじめとして世界のあちこちに存在しているのもまた事実なのです。

本物の破滅とは、人々の不穏な呼吸に誘われて降りだす雪のようなもの。気づけばゆっくりと、しかし絶え間なく降りつもり、いつしかその重みで頑健な大聖堂の天井をも崩落させてしまいます。この世界に時おり避けがたく昏い季節が巡り来ることを知っている私たちは、一人ひとりが自分なりのやり方で地道に雪をかきわけながら、歴史の玄冬《げんとう》を生き延びて、春へと希望をつないでゆくべきではないでしょうか。

最後に、この本を出版するにあたってはたいへん多くの方のご厚意とご尽力を賜りました。とりわけ、無名の翻訳家である私の持ち込み企画を諦めずに辛抱強く検討し、晴れて実現への道を拓いてくださった清水野亜さん。その清水さんの後任を快く引き受け、非常にタイトな日程の中で刊行まで伴走してくださった石橋聖名さん。そして退職早々何度となく押しかけて来る不肖の教え子をいつも笑顔で迎え入れ、惜しみなくその叡智を分け与えてくださった萩原芳子先生には、どれだけ感謝してもしきれません。この場をお借りして皆さんにお礼を申し上げます。

この本が読んでくださる方の心にちいさな春を灯してくれますように。

二〇一八年一二月

平野暁人

エドガー・フォイヒトヴァンガー(Edgar Feuchtwanger)
歴史家．イギリスおよびドイツの近現代史を専門とし，国民国家成立からナチズムの台頭までを対象に論文，著作多数．2003年，ドイツ連邦共和国功労勲章受勲．伯父は反ファシズム運動でも知られた著名なユダヤ人作家リオン・フォイヒトヴァンガー．

ベルティル・スカリ(Bertil Scali)
編集者，ジャーナリスト．1992年から2004年までVSDやパリ・マッチなどの記者を務める．2009年には小説も出版．

平野暁人(ひらの・あきひと)
翻訳家．戯曲から精神分析，ノンフィクションまで幅広く手がける．また舞台芸術専門の通訳・翻訳・ドラマトゥルグとして国内外の様々なアーティストと活動を共にしている．主な訳書に『「ひとりではいられない」症候群』(講談社)，『フクシマ・ゴジラ・ヒロシマ』(明石書店)など．

隣人ヒトラー――あるユダヤ人少年の回想
エドガー・フォイヒトヴァンガー

2019年1月25日　第1刷発行

訳　者　平野暁人《ひらのあきひと》

発行者　岡本　厚

発行所　株式会社　岩波書店
〒101-8002　東京都千代田区一ツ橋2-5-5
電話案内　03-5210-4000
http://www.iwanami.co.jp/

印刷・法令印刷　カバー・半七印刷　製本・松岳社

ISBN 978-4-00-025580-6　　Printed in Japan